올림픽의 숨은 이야기

차례
Contents

올림픽의 계절

올림픽의 예고편

디 오픈 골프대회

네 해 걸러 찾아오는 스포츠 성찬의 계절이 있다. 월드컵이 끝나고 2년째 되는 짝수 해의 여름부터 가을에 이르는 서너 달 동안이다. 6월이 오면 정해진 시기에 정기적으로 열리는 연 단위 이벤트가 팬들의 가슴을 설레게 한다. 2004년 최경주의 선전을 지켜보며 가슴 조이던 디 오픈(The Open) 대회가 그 가운데 하나다. 디 오픈이라는 명칭만으로는 이 대회가 어느 종목의 경기인지를 짐작할 수 없다. 아무런 설명 없이 그저 '개방 대회'라니? 디 오픈이라는 타이틀 명칭은 일종의 고유명사다. 누구에게나 참가를 개방하는 세계 최초의 오픈 골프 선수권대회였으므로 다른 수식어를 붙일 이유가 없었던 것이다. 근대 스포츠의 대부분이 영국에서 발아한 까닭에, 영국에서 열리는 대회에 디 오픈과 같은, '유일한, 최초의 혹은 최고의'라는 뜻을 담은 명예로운 호칭을 사용할 수 있는 것이다. 이 같은 예는 다른 스포츠에서도 얼마든지 찾아볼 수 있다. 예컨대 잉글랜드 FA컵의 경우 정식 명칭은 더 에프에이 컵(The FA Cup)이다. 다른 나라의 경우는 나라 이름을 앞에 붙여 스코틀랜드 컵(The Scottish Cup), 프랑스 컵(Cupe de France), 이탈리아 컵(Copa L'Italiana)이라고 부른다. 에프에이(FA)는 축구협회(Football Association)의 약자. 대한축구협회는 KFA, 아일랜드 축구협회는 '아이리시 FA' 하는 식으로 국명을 병기하지만, 잉글랜드 축구협회는 디 오픈의 용례와 마찬가지로 더 에프에이라는 명칭을 고수한다. 골프의 경우도 다른 나라에서 벌어지는 오픈 선수권대회는 미국 오픈, 호주 오픈, 스페인 오픈 하는 식으로 개최지의 지명을 앞에 붙이는 것이 관례다.

디 오픈을 두고 일부 언론에서 간혹 '브리티시 오픈'이라는 명칭을 사용하는 경우가 있기는 하다. 그러나 이 타이틀명은 공식 호칭이 아니며 언론사들이 독자들의 편의를 돕기 위해 일종의 '해설'을 덧붙인 것이라고 말할 수 있다. 다소 아니꼽기는(?) 해도, 영국 내에서는 디 오픈이라는 호칭으로 불러주는 것이 예의다. 타이거 우즈도 이 점을 알고 있기에 2000년 대회 우승 직후 가진 기자 회견에서 "골프의 발상지인 세인트앤드루스에서, 세계에서 가장 오래된 타이틀인 브리티시 오픈을 제패한 것은 크나큰 영광"이라고 말했다가 곧바로 "죄송합니다. 디 오픈입니다"라고 자신의 발언을 정정했던 것이다.

말이 난 김에 골프 이야기를 잠깐 더 해보자. 타이거 우즈는 얼마나 훌륭한 선수인 걸까. 테니스와 마찬가지로 골프에도 그랜드슬램이 있다. 골프에 있어 그랜드슬램이란 일생을 두고 메이저 4개 대회를 한 번 이상 우승하는 것을 말한다. 타이거 우즈는 마스터스를 1997년에, PGA 챔피언십을 1999년에 각각 석권한 데 이어 2000년 시즌 US 오픈과 디 오픈의 우승을 달성함으로써 그랜드슬램을 이룩했다. 타이거 우즈는 진 사라센(1935), 벤 호건(1953), 게리 플레이어(1965), 잭 니클라우스(1966)에 이은 골프 역사상 다섯 번째의 그랜드 슬래머인데, 그는 2000년 디 오픈을 우승하며 34년간 부동의 대기록이던 잭 니클라우스의 최연소 그랜드슬램(26세 6개월) 기록을 14개월 단축하기도 했다. 덧붙이자면, 타이거 우즈가 2000년 디 오픈에서 기록한 269타는 1990년 닉 팔도가 세운 세인트앤드루스 올드 코스 역대 최소타 기록 270타를 1타 줄인 신기록이기도 했다.

윔블던 테니스 대회

6월 말부터 7월 초까지 이어지는 또 다른 빅 이벤트가 있다. 3~4년을 두고 내리 여자 본선 1회전에 진출하며 한국 여자 테니스의 가능성을 타진했던 박성희와 2000년 주요 US 오픈 16강 진출의 혁혁한 전과에 빛나는 미스터 강원도 이형택의 분전을 고대하던 윔블던 테니스 대회. 테니스에서 최고의 권위와 최고의 역사를 자랑하는 타이틀이다. 경기 장소는 런던 남서부에 자리한 윔블던 테니스 클럽. 윔블던(전영 오픈), 미국, 호주, 프랑스 오픈을 일컬어 4대 메이저 대회라 칭하는데 윔블던 대회는 이 중 유일하게 잔디 코트에서 벌어지는 대회다. 미국과 호주 오픈은 케미컬 코트, 프랑스 오픈은 클레이 코트를 사용한다. 잔디 코트의 특징은 바운드가 낮고 빠르고 이어진다는 점. '서브 앤 발리'형 플레이어들이 상대적으로 유리한 것은 이러한 코트의 특성으로부터 기인한다. 윔블던에서 치러지는 세부 종목의 가짓수는 모두 다섯. 남녀 단식과 복식, 그리고 혼합복식이 그 면면이다. 이 중 스포츠팬들의 가장 많은 관심을 모으는 대회는 '석양의 결투' 남자 단식과 여자 단식. 1994년 일본의 기미코 다테가 여자 단식 4강에 진출하며 돌풍을 일으킨 적이 있고 1990년대 초반 전미라가 여자 주니어부 단식 타이틀을 차지한 사례도 있지만 윔블던 테니스 단식 타이틀은 아시아인에게 난공불락의 성으로 남아 있다. 프랑스 오픈의 경우 중국계 미국인인 마이클 창이 남자 단식 정상에 올랐던 일이 있다.

유럽 축구선수권대회

스포츠 성찬의 여름 메뉴 가운데서도 세계인들의 관심이

격정적으로 쏟아지는 대회가 있다. 개최 연도를 따라 유로 96, 유로 2000, 유로 2004 등으로 불리는 유럽 축구선수권대회다. 유럽인들은 이 대회를 브라질과 아르헨티나가 빠진 사실상의 월드컵이라고 생각한다. 다른 대륙 사람들로서는 받아들이기가 다소 곤란한 시각이지만, 경기의 내용을 놓고 보자면 평균 수준은 오히려 월드컵보다 약간 높을 수도 있다는 것이 스포츠 평론가들의 일관된 진단이다. 대회 장소가 유럽이기에 참가팀들의 이동거리가 짧고, 날씨 및 기타 환경 조건이 축구를 펼치기에 가장 이상적이라는 것이 그 배경이다. 섭씨 40도를 오르내리던 1994년 미국 월드컵의 고온, 2002년 한일 월드컵의 고온다습한 날씨가 각 팀 특히 유럽 팀들의 경기력에 변수로 작용했다는 것은 분명한 사실이다. 월드컵과 유럽 축구선수권대회는 언제나 6월에 열린다. 여기에 대해서 약간의 설명을 하고 가기로 하자.

2002년 한일 월드컵은 개최국의 장마 탓에 5월 31일에 개막전을 치렀지만, 월드컵은 6월 중순에 시작하는 것이 국제관례. 이러한 시간표는 유럽 축구리그 일정을 기준으로 작성한 결과물이다. 북유럽과 동유럽 일부 국가를 제외하고 유럽 축구시즌은 매해 8월 중순에 시작되고 해를 넘겨 이듬해 5월까지 계속된다. 시즌의 명칭이 98/99시즌, 03/04시즌처럼 불리는 것은 이러한 까닭이다. 5월 중순에 일정을 마치고 한 주를 쉰 뒤 3주 정도의 합숙 훈련을 하고 월드컵 개최지로 이동하는 것이다. 유럽 내에서는 시차적응의 부담이 덜하므로 일정을 한 주 정도 앞쪽으로 배치한다.

2년여의 지역 예선을 마치고 정예 16강이 격돌하는 유럽 축구선수권대회의 승패를 좇아 가히 전 세계가 들썩거리는 것이 상례. 환희에 찬 함성과 비통한 신음이 대회 기간 내내 지구촌 구석구석에서 메아리친다. 유고 및 소련 연방의 해체로 회원국 수가 급증한 탓에 1996년 대회부터는 참가팀 수가 여덟 팀에서 열여섯 팀으로 불어났으며, 총 경기 수와 이야기 거리도 정비례로 증가했다. 대목을 만난 각국 프로리그의 스카우터들은 대상 선수를 선정하고 경기를 분석하며 내셔널리즘이 물결치는 와중에서 냉정하게 계산기를 두드려 댄다. 유로 2004의 화제는 축구 변방에서 일약 중심부로 진군하며 기적의 우승을 일궈낸 그리스의 신화와 이탈리아, 독일, 프랑스, 잉글랜드 같은 전통적인 강호의 몰락이었다. 그리스는 이전까지 1회 출전 무득점 3전3패가 월드컵 성적표의 전부였던 축구 3류국. 바야흐로 세계축구계에 각 팀간의 실력차가 놀랍도록 빠른 속도로 좁혀지고 있으며, 월드컵이나 각 대륙 선수권대회의 본선이라면 어떤 경기라도 승부를 쉽게 예측할 수 없는 무한경쟁의 시대가 돛을 올린 것이다.

2년마다 열리는 남미 대륙의 축구선수권대회인 코파 아메리카나도 짝수 해에 열린다. 주전 선수들 중 상당수가 유럽에서 활약하기에, 최근에는 코파 아메리카나도 6월에 대회를 개최하곤 한다. 월드컵이 열리는 해에는 연초나 연말에 대회를 치르는데 유럽선수권대회에 비해 일정 조정이 자유로운 것은 지역 예선이 없기 때문이다. 남미협회 회원국은 모두 아홉. 이 팀들이 모두 대회에 참가하고 타대륙 팀들 가운데 세 팀을 선정하여 초청장을 보낸다. 열두 팀을 채워 3개조를 편성하여 대회를 치르는 것이다. 지리적으로 가깝고 축구 실력 또한 남미 팀에 버금가는 멕시코가 단골 초청 대상. 100여 년이 넘는 남미 이민사를 자랑하는 일본이 아시아 챔피언의 자격으로 코파 아메리카나에 참가했던 기록도 있다.

이 여름에는 아시아 대륙의 축구선수권대회인 아시안컵도 있다. 단, 아시안컵은 개최국의 사정에 따라 11월에 열리기도 하고 5월 이전에 개최되기도 한다. 아시아축구연맹은 유럽 각국에 비해 상대적으로 올림픽 축구에 신경을 써야 하는 회원국들의 사정을 고려, 다음 대회부터는 아시안컵의 개최 연도를 올림픽 한 해 전 홀수 해로 조정하기로 했다. 2004년 대회는 중국에서 열리고 다음 대회는 2008년이 아닌 2007년에 막을 올린다는 이야기다. 홀수 해에 열리는 축구선수권대회로는 2년마다 열리는 아프리카 네이션스컵이 있다.

마침내 올림픽 – 아마추어들의 축제

앞서 언급한 대회들이 끝나면 전 세계의 스포츠팬들은 일단 한숨을 돌리고 숨을 고른다. 프로들의 불꽃 튀는 처절한 승부가 모두 끝나면 이제는 아마추어들의 축제 올림픽이 팬들의 눈앞을 막아서는 것이다.

유럽을 기준으로 하자면, 유럽 내에서 오직 운동에 전념하여 생계유지가 가능한 종목은 축구와 골프, 테니스, 카 레이스, 권투뿐이다. 위 종목 외에 정기적으로 텔레비전에 얼굴을 내미는 경기는 육상 정도다. 지역에 따라, 예컨대 영국의 럭비나 크리켓, 스웨덴의 탁구, 독일의 핸드볼, 이탈리아, 네덜란드의 배구 등이 있기는 하지만, 축구를 제외한 다른 종목의 중계 횟수를 다 합쳐봐야 전체 스포츠 시간의 15%를 넘지 못한다. 1996년에 창간 100주년을 맞이한 이탈리아의 『가제타 델로 스포츠』지는 유럽 대륙에서 가장 권위 있는 종합 스포츠 잡지의 하나이다. 약 50페이지에 달하는 본문 기사 중 축구 기사가 마흔여덟 페이지, 나머지 두 면이 다른 종목을 모두 다루는 '종합'면이다. 이 같은 현상은 거의 전 유럽을 통틀어 공통적이다. 이탈리아인 중에서 이탈리아 남자 배구가 한때 세계 챔피언이었음을 알고 있는 사람을 만나기는 쉽지 않다. 같은 질문을 적어도 백 번은 던져야 한다. 어떻게 그런 일이 가능하냐고?

　한국 남자 배구가 1978년 세계선수권대회에서 4강에 진입했을 당시, 실업팀의 숫자는 불과 넷이었다. 그나마 금성(현 LG)과 한국전력을 제외하면, 한 팀은 전국체전용인 종합화학(충북대표)이요 나머지 하나는 군 팀인 육군 통신교 팀이었다. 1970년대 초반 전국체전에서 "아무리 심판의 판정이 이상했기로 계집애들이 막대기로 사람을 후려 팰 수 있느냐"는 고위 인사의 진노 탓에 종목 자체가 금지되었던 한국 여자 하키는 대표팀

재결성 이후 3년이 안 되어 1982년 뉴델리 아시안게임을 정복하고 그 이후로 단 한 번도 세계 4강의 문턱 밖으로 밀려나지 않았다. 3회 연속 올림픽 메달권 입성, 2회 연속 금메달 및 세계선수권 우승에 빛나는 여자 핸드볼의 국내 경기 평균 관중 수는 세 자리 선에서 좀처럼 상향조정될 기미를 보이지 않는다. 말하자면 무관심 속에서도 얼마든지 탐스러운 열매가 맺힐 수 있다는 말이다.

　한국 스포츠가 대중의 무관심 속에서도 국제무대에서 혁혁한 전과를 올릴 수 있었던 비결은 실질적인 의미에서 거의 모든 종목의 프로화를 실현했기 때문이다. 프로냐 아니냐를 가늠하는 잣대는 보수의 과다가 아니다. 운동만으로 생계를 유지할 수 있느냐 아니냐가 1차적인 가늠자다. 우리나라의 경우 운동선수들은 일반 학생과 동일한 조건 하에서 입학시험이나 입사시험을 치르지 않는다. 특기자라는 이름으로 중고교에 진학하고 대학을 거쳐 실업에 진출하는 현행제도는, 운동 실력을 담보로 입학과 입사라는 특권을 획득하는 한 아무리 아마추어라고 강변을 해도 엄밀한 프로의 논리 위에서 움직이는 세계라고 보아야 한다. 일반 학생이 운동을 좋아한다는 순수한 이유에서, 직장인이 체력단련의 일환으로 혹은 공식경기 출전 같은 원대한 꿈을 가지고 반대급부 없이 운동을 하는 것이 아마추어 체육이다. 한국의 운동선수들은, 어린 시절부터 사회와 격리되어 운동에 전념해도 무방한 것으로, 아니 전념해야 하도록 교육 받는다. 소질 있는 소수에 의한 장기간에 걸친 직

업적 경기력 연마는, 저변은 넓지 않으나 경기 수준은 반비례로 높아지는 효과를 낳는다. 전문인들 간의 좁은 세계에서는 적자생존의 논리가 훨씬 더 냉혹하게 작용하기 때문이다. 49개 팀에 불과한 한국고교야구가 2만 개팀이 넘는 일본고교야구와 접전을 벌일 수 있는 비밀의 열쇠가 바로 여기에 있다.

축구나 기타 메이저 종목을 제외한 유럽 스포츠계를 움직이는 동력원은, 취미와 열정으로 무장하고 자발적으로 경기력 연마에 힘쓰는 애호가 집단이다. 배구 같은 한국의 인기종목을 아우르는 유럽의 비인기종목들은, 다소의 전문성을 가미한 동호인 시스템의 기반 위에서 운영되는 것으로 보아도 무리가 없을 것이다. 올림픽은, 유럽인들의 기준에서 보자면 각국에 널리 퍼진 동호인들이 자웅을 겨루는 아마추어의 대축제이다. 올림픽에 참가하는 대부분의 선수들은 대회 기간에 맞춰 다니던 직장에 휴가원을 제출한다. 1984년 동계 올림픽 아이스 댄싱 금메달리스트인 영국인 듀엣 토빌과 딘은 금메달 시상대에서는 순간까지 '휴가 중'인 보험회사 외판원과 경찰관이었다. 동유럽의 국가스포츠 ─ 국가에서 선수 육성과 훈련을 집중 관리하여 성적을 올리는 제도. 올림픽이나 각종 국제경기를 체제의 우위를 과시하려는 선전장으로 삼아 국력을 경주했고, 실지로 경이적인 업적들이 쏟아져 나왔다. ─ 가 냉전체제의 종말과 더불어 역사의 뒤안길로 사라져가는 지금, 유럽인들의 아마추어리즘이 올림픽 이념의 대세가 되어야 한다는 것이 유럽 전문가들의 희망 섞인 관측이다.

한국의 엘리트 체육

그렇다면 한국의 엘리트 체육은 어떤 의미가 있는가. 운동 기계를 양산하는 한국의 엘리트 스포츠는 즉각 청산되어야 하며 시민 모두가 즐길 수 있는 생활체육으로의 정책적 전환이 마련되어야 한다는 주장이 있다. 이러한 견해는 적어도 몇 가지 틀린 전제를 바닥에 깔고 있다. 그래서 논리적으로 수긍하기 어렵다. 우선 '엘리트 스포츠'라는 단어가 문제다. 외국에서도 엘리트 스포츠라는 말을 쓰기는 한다. 그러나 우리나라와는 어의와 용례가 모두 다르다. 외국에서 이야기하는 엘리트 스포츠란 사회적 엘리트, 즉 최상류층이 즐기는 스포츠를 지칭한다. 예컨대 말을 타고 벌이는 하키 경기라고 할 수 있는 폴로 같은 종목을 뜻하는 것이다. 우리나라의 용례를 따르자면 '스포츠 엘리트'로 표기하는 것이 보다 정확한 정보전달법이겠으나, 이 경우에도 문제는 남는다. 이 말은 긍정적 의미에서 '재능과 소질에 출중함을 보이는 직업 운동선수'를 뜻하는 단어이지 '운동기계'와 같은 부정적인 의미를 내포한 단어가 아니다.

생활체육에 전념해야 한다는 말에도 모순이 있다. 우선 생활체육과 스포츠 엘리트는 완전히 다른 차원에서 운영되는 체계라고 보아야 한다. 예를 들어 축구나 배드민턴, 마라톤 같은 종목은 상당수의 동호인을 확보하고 있으며 동호인 간의 각종 대회도 여럿 열린다. 그러나 같은 경기 규칙을 사용한다는 점을 제외하면, 생활체육과 스포츠 엘리트 사이의 접점은 생각보다 크지 않다. 이해를 돕기 위해 다른 분야의 경우를 예로 들어보자.

누군가가 앞으로의 영화 정책은 생활영화에 전념하는 쪽으로 전환하는 것이 바람직하다고 주장한다면 어떨까. 즉, 영화계 종사자들 다시 말하면 배우나 감독, 촬영 스태프 같은 전문 프로 영화인들만이 영화를 만들고 배급·상영을 독점하는 엘리트 영화 제도는 우민화 정책의 일환으로 추진된 구시대의 산물이기 때문에 청산의 대상이며 사회적인 낭비이고, 따라서 정부는 일반인들이 영화를 제작하고 즐기는 생활영화 쪽에 정책적 지원을 아끼지 말아야 한다고 주장한다면? 생활미술이나 생활음악, 생활문학은 또 어떤가. 물론 스포츠 엘리트를 양성하고 생활체육도 육성할 수 있다면 그보다 더 바람직한 경우는 없겠지만, 이 둘은 한 범주로 묶어 거론할 수 있는 분야가 아니다.

보다 알기 쉽게 말하자면, 스포츠 엘리트를 양성한다고 생활체육이 쇠퇴하지는 않는다는 이야기다. 주어진 예산과 자원을 나눠서 사용하는 분야가 아니라, 각각 별개의 층위에서 별개의 예산과 인적자원을 가지고 움직이는 별도의 제도라는 사실을 말하고 싶다. 오히려 한국의 스포츠 엘리트 정책은 한정된 자원을 매우 효율적으로 사용하며 상당한 업적을 내고 있는 성공적 운영사례라고 보는 편이 타당하다. 시간과 금액을 쏟아 넣는다고 해서 무조건 좋은 결과가 도출되는 것은 아니다.

스포츠의 좋은 점 가운데 하나는 스포츠가 사회통합의 기제로 작용할 수 있다는 사실이다. 자국팀이 국제무대에서 좋은 성적을 올리고 이러한 성취가 공동체 구성원의 애국심, 자긍심을 고취하여 사회 구성원 사이의 결속력을 다지는 기능이 있다는 이야기다. 이 학설에 공감한다면 우리나라의 스포츠 엘리트 정책은 투자대비 성과가 상당히 좋은 편이며 사회적으로도 상당한 역할을 수행하고 있다고 말할 수 있을 것이다. 물론 이러한 긍정적 평가의 이면에는 선수들이 자발적 선택에 의해 운동을 시작했으며 훈련 과정에서 인권을 침해하는 경우가 없다는 전제가 깔려 있다.

운동선수와 인권

운동선수와 인권. 아무런 관련이 없어 보이는 이 두 단어에 세계문화 속에서 스포츠가 차지하는 가나다라가 모두 들어 있다. 자국 대표팀 혹은 자기가 응원하는 팀이 패배의 멍에를 뒤집어썼다고 하자. 그런데 사실 그대로 패배를 인정하고, 이를 겸허하게 받아들이지 못하는 스포츠팬들이 있는 것은 사실이다. 그들은 스타디움 인근 주점에서 회한의 맥주잔을 기울이기도 하고, 선수나 감독 혹은 구단주를 성토하는 데 목청을 높여가며 핏대를 올리기도 한다. 그러나 국가권력이 이러한 행태를 보인다면 이것은 완전히 다른 차원의 문제다. 자국 대표팀의 패배를 중대한 불명예로 간주하고, 국가 공권력이 선수들의 신체에 직접적인 위해를 가하는 일은 인간의 존엄성을 훼손하는 중대한 범죄다.

앞에서 말한 대로 스포츠는 사회통합, 나아가 세계평화와 인류화합에 공헌할 수 있는 위대한 제도이다. 전 세계인이 다함께 공감할 수 있는 제도를 새로 만든다고 하자. 합의 도출, 새로운 제도의 창안, 이의 확산과 착근을 위해 도대체 얼마만큼의 시간과 노력을 들여야 하는가. 그 막대한 시간과 비용을 감당할 개인이나 단체, 혹은 국가나 국제기구가 있을 수 있는지. 스포츠는 그만큼 소중한 사회제도이다. 그러므로 어느 나라의 정부가 자국의 주권이 미치는 영토 안에서 자국의 대표선수를 박해하는 일은 기실 세계의 평화를 직접적으로 위협하는 일에 다름 아니다. 따라서 이런 일이 외부세계로 알려지는 경우 세계 언론이 이를 좌시하지 못하는 데는 이러한 까닭이 있다. 이것은 내정간섭을 넘어서는 천부인권에 관한 문제제기이며 나아가 인류의 미래를 수호하기 위해 국가공권력을 상대로 벌이는 세계 언론의 성전이기도 한 것이다.

이라크 축구선수의 인권

이라크 축구선수단이 1998년 프랑스 월드컵 아시아 지역 예선에서 탈락한 뒤 축구협회와 국가기관으로부터 조직적인 고문을 당했다는 『선데이 타임즈』의 1999년 8월 15일자 1면 특종 기사가 유럽 축구계, 나아가 전 세계 스포츠계에서 일파

만파를 부른 적이 있다. 이 기사는 2004년 7월 말, 못이 안쪽으로 박힌 투구, 채찍 등 고문도구들의 실물과 사진이 공개되면서 움직일 수 없는 사실로 확인되었다. 「더 타임즈」의 일요판으로 그 분량이 80여 페이지에 이르는 『선데이 타임즈』는, 그 주에 일어난 주요 사항들을 심층 취재하여 폭넓게 보도하는 매체로 유명하다.

이라크 축구팀을 둘러싼 고문시비가 불거진 것은 1998년 월드컵 1차 예선에서 이라크가 카자흐스탄에 밀려 2차 예선 진출에 실패하면서부터다. 바그다드에서 벌어진 홈경기에서 역전패한 뒤 다음 경기에 출전한 이라크 선수들의 신체에서 구타의 징후가 농후한 예사롭지 않은 흔적들이 목격되었던 것. FIFA는 이라크의 반체제 인사들로부터 첩보를 입수했다. 이라크 대표선수들이 경기에 지는 경우 수염(이슬람 남성들의 명예의 상징)을 깎이는 것은 물론, 투옥되어 고문을 당하기도 한다는 정보였다. 1997년 말, FIFA는 이 문제에 대해 자체 진상조사단을 구성하고 선수들을 개별 인터뷰하는 등 나름대로 최선을 다했으나 결정적 증거를 확보하는 데는 실패했었다. 이 사안에 대한 1998년 FIFA 최종 조사보고서의 결론은 사실확인 불가.

그런 가운데 『선데이 타임즈』가 해외로 망명한 이라크의 전 대표선수 선수들의 양심선언과 자체적으로 수집한 정황증거를 바탕으로 2년간 진위 여부를 둘러싸고 의혹을 불러일으키던 사안에 마침표를 찍은 것이다. 신원이 밝혀진 폭로자는

1999년 봄 이라크를 탈출한 것으로 알려진 사라르 모하메드 알 하디티(35)였다. 하디티는 기자회견을 열고 당시 이라크 축구협회장인 후세인의 아들 우다이(걸프전 중 사망)가 국제경기 패전 후 선수들에게 직접 발길질을 한 것을 비롯하여, 우다이의 주도로 선수단 전원이 머리털과 수염을 깎이고 심지어는 정신교육이라는 미명 하에 단기간 수감생활까지 했다고 털어놓았다. 하디티는 이라크 국가대표선수들이 수감생활을 하는 도중 전기봉 지지기, 구덩이에 파묻기, 분뇨통 목욕, 콘크리트 공으로 축구하기 등 견디기 어려운 정신적·육체적 모욕과 고문을 수시로 받았으며 이에 견디다 못해 선수생활 포기를 암시한 몇몇 선수는 따로 마련된 곳으로 끌려가 은퇴의사를 번복할 때까지 조직적 구타를 당하기도 했다고 폭로했다.

유럽 축구계가 고문 뉴스에 흥분했던 이유는 간단하다. 한 개인이나 조직이 우월한 지위와 권력을 이용하여 저항할 의사와 능력이 없는 다른 개인의 신체에 손상을 가하는 행위는 인간의 존엄성을 정면으로 침해하는 행위이기 때문이다. 이러한 야만적인 작태가 스포츠, 특히 축구라는 종목과 관련되어 불거져 나왔다는 사실을 유럽의 축구인들은 참을 수가 없었던 것이다. 운동선수가 승리를 추구하기 위해 육체적·정신적으로 최선을 다하는 것은 건전한 직업윤리다. 그러나 그 훈련과정에서 혹은 패전의 책임을 둘러싸고 폭력이 난무한다면 현대 스포츠의 존립기반은 뿌리째 흔들릴 수밖에 없다. 유럽 체육계에서 사용하는 징벌 수단은 출전기회 박탈, 벌금 그리고 해

고다. 폭력의 남용은 미래의 자산인 선수들의 신체를 파괴할 뿐만 아니라, 장기적인 관점에서 보아 경기력 향상에 아무런 도움을 주지 못한다는 것이 학계의 정설이다.

1990년대 초반에는 동구권 붕괴 이후 일부 구공산권 국가에서 경기력 향상을 위해 저질렀던 갖가지 비인권적 작태들이 폭로되어 세계인들에게 충격을 준 바 있다. 일부 선수들은 생명이 10여 년 이상 단축된다는 것을 사전에 분명히 인지하고도 근육강화제, 흥분제 등의 금지 약물을 교묘한 방법으로, 그리고 조직적으로 흡입해야 했고, 모 국가의 여자 체조선수들은 남성 호르몬의 분비를 위해 계산된 시점에서 임신과 약물에 의한 인공유산을 반복했다고 한다. 도핑기술의 획기적 발달로 약물을 상복하는 선수가 설 땅이 거의 없어지고, 냉전체제가 낳은 기형적 구도―스포츠를 통한 강대국 사이의 극한 대결―도 많이 바로잡혔지만, 문제는 국가명예 선양이라는 미명 하에 비인간적 행위를 거리낌 없이 자행하고 아무런 가책도 느끼지 않는 세력이 지금 이 순간에도 분명히 존재한다는 사실이다.

『선데이 타임즈』가 하디티의 양심선언을 1면 머릿기사로 크게 다룬 까닭이 바로 이것이다. 이러한 행위들을 고발하는 일은 언론의 신성한 사명이라는 선전포고였다. 반인륜적 범죄의 확산을 막는 동시에 스포츠라는 인류의 문화행위가 다시는 인권의 사각지대로 남지 않도록 감시의 눈을 부릅뜨고 사방을 살피는 일은 기실 우리 모두의 과제가 되어야 한다.

스포츠 고고학

고고학은 매혹적인 학문이다. 도서관과 발굴현장을 오가는 작업환경, 문과적 지식과 이과적 소양을 한몸에 구현해야 하는 연구자의 자격요건이 필수다. 문제는, 유물이나 문헌만으로 과거의 일을 온전히 재현해낼 수 없다는 사실이다. 그래서 고고학자에게는 상상력이 필요할 터이다. 하나둘씩 끌어 모은 자료들을 분석하고 종합하는 일은 일종의 역사와 함께하는 퍼즐 맞추기가 혹시 아닐는지. 고고학자들은 이러한 암중모색을 거쳐 과거로 향하는 비밀의 통로로 사람들을 안내한다.

고대 올림픽

고대 올림픽은 기원전 776년 제1회 대회로 막을 열었고 기원후 393년 로마제국 테오도시우스 황제의 칙령으로 막을 내렸다. 그리고 1500년쯤 지난 1896년 근대 올림픽이라는 이름으로 화려하게 부활했다. 그렇다면, 근대 올림픽 경기에 적어도 고대로 통하는 몇 조각 열쇠는 남아 있어야 마땅한 일이 아닌가. 물론이다. 지금부터 추억처럼 남아 있는 옛일의 흔적들을 몇 조각만 발굴해 보자. 레슬링은 자유형과 그레코로만형으로 나뉜다. 전자는 상대의 전신을 공격하는 것이고 후자는 상체만을 공격하는 차이가 있다. 그레코로만이란 글자 그대로 '그리스와 로마의'라는 뜻이다. 그리스와 로마 문명이 오늘날 서양문명의 근간을 이룬다는 흔적이 스포츠 종목 이름 속에 녹아 있는 것이다. 여기서 논의를 확대하고 들어가면 헬레니즘과 헤브라이즘, 중세와 르네상스를 망라하는 거대한 문명사를 만날 수 있으리라. 스포츠 고고학의 파편 가운데 일반 팬들에게도 친숙한 유명한 예로 마라톤을 꼽을 수 있다. 마라톤의 유래는 페르시아 전쟁. 페르시아 대군에 맞서 그리스 연합군이 기적 같은 역전승을 거두자 한 병사가 쉬지 않고 들판을 달려 "우리가 이겼다"는 한 마디 전언만을 남기고 절명했다고 전해진다. 그 전투가 벌어진 곳이 마라톤 평원이며 마라톤이라는 종목 이름 자체가 여기서 유래했다. 2004년 올림픽 마라톤 경기는 바로 그 마라톤 평원을 출발, 아테네로 달려오는 역사의 현장에서 펼쳐질 예정이다.

　이란과 이라크에서는 마라톤을 하지 않는다. 날씨가 덥고 습해 장거리 달리기에 적합하지 않은 측면도 있지만, 그들은 자기들이 페르시아제국의 역사적 법통을 계승했다고 인식하기에 패전의 기억을 되살리지 않는 것이다. 물론 이번 대회에도 마라톤에는 출전 선수를 파견하지 않는다. 그렇게 따지자면 이슬람 신도들은 크라상을 먹지 말아야 하는 것이 아닐까. 이슬람 대군의 대 비엔나 포위전이 실패로 돌아간 후 기독교 신자들이 이 승리를 기념하여 만들어 먹기 시작한 빵이 크라상인 까닭이다. 크라상이란 글자 그대로 초승달이라는 뜻. 초승달은 이슬람의 상징이다. 상대의 상징을 상용하는 음식으로 만들어 먹으며 두고두고 승리를 기념하는 방식은 동서고금의 전통 가운데 하나다. 사각형 빵에 비해 크라상은 몇 배나 더 손이 가는데다 만들기도 그다지 쉽지 않을 터. 그럼에도 불구하고 이렇게까지 그 승리를 기념했던 이유는? 약자에 대한 승리를 두고두고 떠들썩하게 기념하는 일은 없다. 이 말을 뒤집으면 대 이슬람 승전은 유럽인들에게 있어 그만큼 기대하기 어려웠던 역사적인 쾌거였다는 뜻이 아닐까. 이슬람 문명이 중세 내내 유럽 문명을 선도했다는 엄연한 역사적 사실을 감안하면 크라상에 녹아 있는 문화적 의미를 이해할 수 있을 것이다.

근대 올림픽

쿠베르탱은 근대 올림픽 운동을 제창하면서, 고대 올림픽의 문화적 계승임을 분명하게 공표했다. 그 상징 가운데 하나가

매 올림픽에서 항상 그리스가 선두로 입장한다는 것. 주최국이 상용하는 언어에 따라 각국의 입장 순서가 달라지기는 하지만(영어권에서는 알파벳 순서에 따라 아프가니스탄이 그리스 다음으로 입장하며, 1988년 서울 올림픽 때는 아프리카의 한글 표기에 따라 가나가 두 번째로 들어왔음.) 그리스의 선두 입장 그리고 개최국의 마지막 입장은 올림픽의 오랜 관례다. 이 전통 때문에 그리스 선수단 내에서는 명분론과 실리론이 항상 충돌한다. 1960년 로마 올림픽에서 금메달 하나를 따고 1992년에 금메달 두 개를 추가할 때까지 그리스 선수단이 획득한 금메달 숫자는 0이었다. 성적이 올림픽의 전부는 아니라지만, 종주국의 메달 순위가 이처럼 초라해서야 아무래도 체면이 말이 아니다. 이러한 부진이 입장식과 밀접한 관계가 있다는 주장이 있다. 식전 식후 공연을 고려하지 않더라도, 참가팀 수가 200여 개 국에 육박하는 지금, 선수단 입장에만 걸리는 시간이 가볍게 서너 시간을 뛰어넘는다. 가장 처음 입장한 그리스 선수단은 마지막으로 개최국 선수단이 들어올 때까지 몇 시간이고 운동장 한복판에 서 있어야 하는 것이다. 아무리 운동으로 단련한 몸이라지만, 그리고 올림픽 개회식은 인류의 즐거운 축제라지만, 몇 시간을 서서 하는 일 없이 견뎌야 한다는 것은 여간 어려운 일이 아닐 것이다. 이번 올림픽에서 그리스 선수단은 두 가지 방식을 취할 수 있다. 선두 입장과 마무리 입장 가운데 하나를 임의로 택할 수 있는 것이다. 그들이 어느 길을 택할 것인지 지켜보는 것도 이번 올림픽 관전 포인트 가운데 하나다.

종목 이름은 고금이 똑같은데 정식 명칭 앞에 고대와 근대를 붙여 구분하는 스포츠가 있다. 고대5종 경기와 근대5종 경기다. 5종 경기는 고대 올림픽 최고 인기종목 가운데 하나였다. 단거리 달리기, 멀리뛰기, 투창, 투원반, 레슬링을 모두 치러내야 하는 지옥의 레이스. 고대 올림픽 경기에서 모든 종목의 우승자들은 특별한 대접을 받았다. 그러나 그리스인들은 5종 경기 우승자에게 특히 열광적인 갈채를 보냈다. 5종 경기란 병사들의 훈련 프로그램, 그 가운데서도 백병전을 상정하고 벌이는 서바이벌 게임을 스포츠경기로 재구성한 종목이다. 고대 그리스인들이 보기에, 5종 경기 우승자는 전 그리스를 통틀어 가장 뛰어난 전사였던 것이다. 예나 지금이나, 훌륭한 군인들을 배출하는 나라를 쉽게 넘볼 수는 없는 법이다.

근대5종의 창시자는 근대 올림픽의 아버지 쿠베르탱이다. 20여 년 동안 연구를 거듭한 끝에 그는 새로운 개념의 경기를 만들었고, 1912년 스톡홀름 올림픽부터 선을 보였다. 고대5종의 컨셉이 '전투'였다면, 근대5종의 컨셉은 '메시지 전달'이다. 위기에 빠진 아군을 구하기 위해 비밀지령을 휴대한 채 적의 포위를 뚫고 나가는 필사의 탈출. 그래서 근대5종의 세부종목에는 별도의 독특한 규칙이 있다. 승마경기에서 말이 차지하는 중요성은 거의 절대적이라고 할 수 있을 터이다. 그러나 근대5종의 승마경기는 추첨을 통해 주최 측이 제공한 말 가운데 아무 말이나 타고 나가야 한다. 기수와 말은 생면부지다. 기수와 말 사이의 교감은 아예 기대할 수 없다. 전장에서 모든 조건이 갖춰지기를 기다리는 것은 비현실적인 생각이기 때문이다. 일단 1차 포위망을 빠져나오면, 칼을 들고 달려드는 적병과 맞서야 한다. 근대5종의 펜싱은 단 한 번의 공격으로 승부종료, 그리고 1분 이내에 유효공격이 없으면 양 선수 모두 점수를 받지 못한다. 다음은 원거리 매복병을 상대하는 사격. 10m 밖의 표적을 향해 20발의 공기총을 발사한다.

수영은 200m를 헤엄쳐 건넌다. 강을 건넌다는 것이 시뮬레이션 상의 설계이므로, 무조건 빨리 헤엄치는 것이 최상의 미덕이다. 영법 제한도 없고, 수영장 바닥에 발을 대더라도 실격이 아니다. 일반 수영 경기는 매 종목마다 세부 규정이 정해져 있다. 접영은 매 호흡마다 어깨선이 수면 위로 올라와야 하며, 접영에서는 킥을 한 번 할 때마다 머리를 수면 밖으로 내밀어야 한다. 이 규정을 어기면, 영법 위반으로 실격 처리된다. 영법에 제한을 두지 않는 종목은 자유영(free style)인데, 모든 선수들이 크롤 영법으로 헤엄치는 것은 그것이 가장 빠른 영법이기 때문이다. 일반 수영 경기에서는 어떤 경우에도 바닥에 발을 대면 규칙 위반인 데 반하여 근대5종의 수영은 수단방법을 가리지 않고 정해진 거리만을 주파하면 된다. 이 난관을 돌파하면 3,000m 크로스컨트리가 남아 있다. 적진을 무사히 돌파했으나 산과 들을 가로질러 메시지를 전해야 하는 사명이 남아 있는 것이다. 여기에도 마지막 장애물이 만만찮은 미소를 '씨익' 흘리며 선수들을 기다리고 있다. 선수들이 어떤 산

악지형을 달려야 하는지, 사전에 코스 공개를 하지 않기 때문이다. 올림픽에서 부드러운 흙과 잔디 위를 달리는 종목으로는 근대5종 내의 크로스컨트리가 유일하다. 마라톤은 규정상전 구간을 아스팔트나 시멘트 도로 같은 단단한 노면 위에서 치러야 하며, 한 구간이라도 부드러운 노면을 달리면 코스를 공인하지 않는다.

여기서 마라톤에 관한 고정관념을 하나 깨고 지나가자. 마라톤이 올림픽에서 가장 장거리를 달리는 종목인가? 아니다. 200km 사이클 도로 경기가 제일 장거리다. 그렇다면, 마라톤은 육상경기 중 가장 장거리를 달리는 종목인가? 역시 아니다. 50km 경보 쪽이 거리도 길고 시간도 오래 걸린다.

다시 근대5종 이야기로 돌아가 보자. 혹자는 근대 올림픽에서 가장 고귀한 메달은 근대5종에서 획득한 메달이라고 말한다. 메달을 수여할 때 그 고귀함의 상징으로 우승자에게 월계관을 수여할 뿐만 아니라 (이 월계관은 공식적인 수상 품목이다. 메달권에 들지 못한 마라톤 4위, 5위 선수들에게 수여하는 성적공인서와 상장이 공식 수상품인 것처럼.) IOC 위원장이 반드시 시상식에 참여하여 승자를 포용해주는 유일한 종목이기 때문이다. 그러나 고대 올림픽과 근대 올림픽이 동일한 문화적 역사적 연장선상에 자리한다는 뚜렷하고 명백한 증거인 근대5종 경기는 지금 올림픽에서 퇴출의 기로에 서 있다. 텔레비전 중계가 어렵기 때문이다. 하루에 한 종목씩, 닷새간 진행되던 경기는 1996년 올림픽부터 남녀 각 열여섯 명만 참가하고 하루에 모든 경기를 끝내는 방식으로 몸집을 줄였다. 몸집 줄이기의 노력은 개인전만 남겨두고 단체전은 폐지한 대목에서도 모습을 드러낸다. 예컨대 예전의 경기 방식은 개인전의 경우 예선을 통과한 64명의 선수들이 돌아가며 풀 리그로 펜싱 경기를 치르는 처절한 것이었다. 그런데 48시간 전에 서면으로 주문하면 조직위원회는 선수가 요청한 어떤 음식물도 공급해 줘야 한다는 의무조항이 경기규칙으로 명문화되어 있었다는 사실을 알고 계시는지. 그만큼 체력 소모가 크고 인간 능력의 극한을 시험하는 요소가 있었다는 말이다. 근대5종 관계자들이 보기에, 하루 안에 모든 일정을 마치는 경기방식은 지략과 체력이 출중한 진정한 승자를 가리는 데 다소 적절하지 않은 방식일 수도 있다. 그러나 스포츠 평론가들은 어쩌면 이 편이 보다 실제전투상황에 가까울 것이라고 근대5종 관계자들을 위로한다. 하지만 무슨 상관이랴, 어차피 근대5종은 상대방이 아니라 자기 자신과의 처절한 싸움인 것을.

2004년 6월 2일 러시아 모스크바에서 열린 근대5종 세계선수권대회, 개인전 은메달, 단체전 동메달의 낭보를 전해준 이춘헌 선수에게 응원을 보낸다. 산을 넘고 강을 건너 그대가 전해줄 또 한 번의 낭보를 애타게, 신나게 기다릴 테다.

올림픽 종목의 이모저모

올림픽의 관행과 규칙의 개정

쿠베르탱은 근대 올림픽을 개최하면서, 고대 올림픽의 예를 좇아 올림픽 종목을 개인경기 위주로 편성하였다. 단체경기는 초창기 올림픽의 고려대상이 아니었다. 21세기에도 아마추어리즘의 부활이라는 전통주의적 횃불을 치켜든 사람들이 있다. 그들 주장의 핵심은 "구기종목을 올림픽에서 제외시켜야 한다"는 다소 극단적이고 시대착오적인 내용을 포함하고 있다. 그러나 그들의 주장 속에는 논리적 모순이 있다. 스포츠란 인종, 성별, 국적, 민족, 종교, 정치적 신념을 일절 고려하지 않고 정당한 경쟁을 통해 기량을 연마하고 규칙을 지켜 경기에 참가하는 모든 선수들을 보호하고 장려한다. 아무런 제한을 두지 않고 열린 마음으로 유연한 사고 틀을 유지한다는 것. 이것이 스포츠의 미덕이다. 누구는 되고 누구는 안 된다는 배타적 사고는 스포츠의 본질과 부합하지 않는다. 이런 관점에서 구기종목과 개인종목을 나누어서 생각하는 발상 자체가 '정당한 경쟁과 그에 합당한 결과'를 추구하는 스포츠의 본질에 어긋나는 측면이 있다는 사실을 말하고 싶다.

모든 메달은 피와 땀의 결정체이다. 그러므로 입상자들을 단상에 올려 세우고 국기를 게양하며 모든 사람들이 기립한 가운데 성대한 시상식을 치르는 것이다. 구기종목의 경우 널따란 시상대를 마련하여 선수단 전체가 단상에 오르도록 조직위원회는 여러 가지 배려를 아끼지 않는다. 시상대에 오르는 것은 입상자들의 권리이자 특권인 것이다. 그러나 올림픽에는 시상식과 관련해서 독특한 관례를 가진 종목도 있다. 동하계 올림픽을 합쳐 남녀의 구분 없이 경기를 치르는 세 종목 가운데 하나인 마장마술은 폐막식 직전에 결승 경기를 치르고 승자에게는 폐막식이 진행되는 동안 말을 타고 장내를 돌아다니는 특권을 부여하는 것으로 유명하다. 기수뿐만 아니라 말에게도 올림픽 금메달리스트의 명예를 부여한다는 뜻이다. 올림픽에 나서는 승마선수들은 대개 자비로 말을 사육하고 생활을 같이 하며 호흡을 가다듬는다. 따라서 승마는, 장비(?) 구입비와 유지비가 가장 많이 소요되는 종목이다. 일부 제3세계의 스포츠 평론가들은 마장마술 우승자에게 베풀어지는 이러한 특권에 곱지 않은 시선을 보내기도 한다. 승마 경기는 구조상 선진국 선수들의, 그것도 상류 계층의 전유물이 될 수밖에 없으므로 시혜의 배경이 순수하지 않다는 것이다. 그러나 입장을 바꿔서 생각을 해보자.

근대 스포츠라는 개념 자체가 유럽적 사고와 제도의 산물이다. 따라서 올림픽의 운영을 둘러싼 소프트웨어에 유럽적 시각이 다소 많이 포함되어 있는 것은 아직까지는 불가피한 측면이 있다. 올림픽 종목 중 1964년 도쿄 올림픽부터 정식 종목으로 채택된 유도와 2000년 시드니 올림픽부터 영지를 배당 받은 태권도를 제외하면, 나머지는 모두 유럽과 미국에서 배태한 종목들이다. 레슬링은 자유형과 그레코로만형(그리스와 로마에 뿌리를 둔)만을 정식 종목으로 채택하고 몽고 지역 및 구소련 내의 중앙아시아 지역에서 성행하는 삼바 형은 번외 경기조차 열지 않는다. 제국주의적 관점이나 음모론적 시각에서 보자면 다음과 같은 사항들도 시비 거리가 된다.

한국 양궁이 유럽과 미국의 선수들에 비해 차원이 다른 기록을 양산하며 세계 타이틀을 인수인계한 사실과 어느 정도 연관이 있는지는 모르겠지만, 세계양궁협회는 텔레비전 시대에 걸맞도록 규칙을 개정한다는 명분 하에 본선 라운드 일대일 토너먼트 대결이라는 제도를 도입했다. 그 이전에는 30m, 50m, 70m, 90m 등 거리가 다른 각각의 표적을 쏘고 1, 2라운드 합계로 승자를 결정하는 방식이었다면, 최근에는 예선 라운드를 거쳐 64명의 결선 라운드 진출자를 가려내고 그 64명이 토너먼트로 일 대 일 승부를 펼친다. 기록경기로 분류되던 양궁이 투기 경기의 방법론과 만난 것이다. 종목의 성격과 속성 자체가 본질적으로 달라졌다고도 할 수 있는 것이다. 여기에 대한 입장은 양편으로 갈린다. 어떤 사람들은 스포츠의 순수성이 훼손되었다며 분개하고 어떤 이들은 박진감이 넘치는 쪽으로 제도 개선이 이뤄진 것이라고 지지하는데, 팬들의 입장에서 보자면 텔레비전 시청률이 보다 높아지고 대중들의 관심이 상당히 증가한 것은 분명한 사실이다. 세계양궁협회 관계자의 말처럼 "순수성을 지키다 고사하는 것보다는 현대사회에 걸맞도록 진화하여 살아남는 것이 보다 더 중요"할 수도 있을 터이다.

규칙 개정의 더 극적인 예로는 필드하키가 있다. 1932년 LA 올림픽에서 인도가 금메달을 차지한 이래, 세계 남자 하키는 인도와 파키스탄의 독무대였다. 각각 여덟 차례의 올림픽과 세계선수권대회를 치르는 동안 남자 하키 세계 챔피언 타이틀은 언제나 인도 아니면 파키스탄의 차지였다. 섬세한 스틱 워크를 앞세운 월등한 개인기를 바탕으로 상대팀의 수비벽을 돌파하던 이들의 스타일에 밀려, 파워를 위주로 한 유럽 팀은 거의 모든 경기에서 고전을 면치 못했다. 그런 상황에서 사람들은 유럽인들이 아예 경기의 개념을 뒤집어버림으로써 이위기상황을 타개했다고 말한다. 국제경기는 반드시 인조 잔디 위에서 치러야 한다는 규칙을 명문화한 것은 일방적으로 유럽 팀들의 손을 들어준 행위라는 것이다. 인조 잔디에서는 공이 빠르고 강하게 구른다. 섬세한 스틱 워크 대신 힘과 스피드가 승리를 쟁취하는 금과옥조가 되어버린 것이다. 시대의 변화와 기술의 진보를 경기 규칙에 반영한다는 미명 하에 감행된 이 쿠데타 이후 인도와 파키스탄은 절대 강자의 위용을 상실하고 그저 주요 국가의 하나로 물러앉았다.

그러나 국제하키연맹의 이러한 결정 뒤에는 엄청난 고심과 고뇌의 흔적이 배어 있다. 잔디구장의 노면 상태를 균질하게 유지하는 일은 생각보다 비용과 품이 많이 드는 일이다. 비인 기종목인 하키의 경우, 이러한 고비용 구조는 장기적으로 상당한 문제를 야기할 가능성이 있었다. 게다가, 천연 잔디는 기후 및 토양에 따라 각 나라의 환경 사이에 상당한 차이가 있다. 구형 공을 사용하며 야외 천연 잔디 구장에서 경기를 진행한다는 점에서는 축구와 필드하키 사이에 유사성이 있었다. 그러나 테니스 공보다 약간 큰 볼을 사용하는 필드하키의 경우, 공의 크기가 상대적으로 작기에 잔디의 상태에 따라 경기의 성격 자체가 크게 변할 수도 있다는 난점이 있다. 잔디의 종류와 관리 상태에 따라 공이 굴러가는 속도에 차이가 생기는데, 축구의 경우 이것은 매우 사소한 종속변수이지만 하키의 경우 때로는 이것이 결정적 요소로 작용하기도 했다는 뜻이다. 국제하키연맹은 인조 잔디를 사용하는 경우 적어도 경기장의 노면(pitch)만큼은 전 세계 어디서나 동일한 조건으로 통일할 수 있다는, 따라서 여러 가지 변수를 미연에 방지할 수 있다는 점을 생각했을 것이다. 공정한 경쟁을 위해서는 어느 팀이나 쉽게 적응할 수 있는 공정한 표준을 누구나 납득할 수 있는 방법으로 마련해 놓아야 한다.

2004년 6월에는 국제축구연맹 역시 오랜 관행의 벽을 허물고 월드컵 본선경기를 포함, 인조 잔디 위에서도 국제경기를 개최할 수 있다고 규정을 손질했다. 국제축구연맹이 인증한 품질의 인조 잔디를 사용해야 한다는 단서조항을 달아놓기는 했지만, 인조 잔디의 품질이 천연 잔디에 비해 그다지 떨어지지 않는다는 국제적인 평가가 이뤄진 것이다. 물론 국제하키연맹도 하키용 인조 잔디에 대한 인증서를 발부하고 있다. 인조 잔디에서 벌어지는 축구경기는 이전의 축구경기와는 그 진행방식이 어떻게 달라질 것인가. 연구 자료가 축적되면 본격적인 분석이 가능하겠지만 아직은 아니다. 천연 잔디와 인조 잔디 위에서의 경기패턴을 비교분석하고 그 차이점을 규명하는 일에는 무리가 따른다. 어떤 분들은 이렇게 반문한다. 1983년 효창운동장에 인조 잔디가 처음 포설된 이래 20년이 넘도록 축구경기가 열렸다. 그렇다면 자료는 충분한 것 아닌가? 효창운동장의 인조 잔디는 축구용이 아니라 필드하키용이다. 따라서 신뢰할 만한 정보를 모으는 실험실로 문제가 있다. 축구용 인조 잔디와 필드하키용 인조 잔디 사이에 어떤 차이가 있느냐는 질문에는 이렇게 답한다. 두 종목에서 가장 차이가 나는 기술, 축구에만 있고 필드하키에는 없는 기술은 온 몸을 던져 상대를 저지하는 육탄방어술, 즉 태클이다. 축구용 인조 잔디는 태클을 상정하고 공의 바운드를 고려하여 보다 부드럽게 표면을 디자인한다. 필드하키는 종목의 속성상 연속 바운드 등은 매우 드물게 일어나므로, 인조 잔디의 결이 촘촘하고 보다 딱딱한 제품을 선호한다. 이 미세한 차이는 실전에서 완전히 다른 얼굴을 드러낸다. 극단적으로 말하자면, 필드하키용 인조 잔디에서 벌어지는 축구경기와 축구경기용 인조 잔디에서 벌어지는 필드하키는 각 종목의 미학을 절반도 구현하지 못하는 아쉬움 많은 공연인 것이다.

말이 나온 김에 스포츠 상식 하나를 알아 두자. 모든 구기는 공을 사용한다. 그러나 구기종목에서 사용하는 모든 공이 구형인 것은 아니다. 둥글지 않은 공을 사용하는 구기종목은 모두 네 종목이 있다. 무엇일까? 정답은 럭비(오스트레일리아식 럭비 포함), 미식축구 그리고 배드민턴과 아이스하키다. 고무 코르크 머리 뒤로 회전형 날개가 달린 배드민턴 공은 셔틀콕이라 부르고, 딱딱한 원반형의 고무인 아이스하키 공의 명칭은 퍽이다.

올림픽은 백화점, 월드컵은 전문매장 – IOC와 경기단체

대부분의 경기단체는 자체적으로 주관하는 세계선수권대회를 올림픽 대회의 중간 연도에 개최한다. 세계선수권은 각 국가의 협회에 자동 출전권을 부여하고 있으므로, 따로 지역 예선을 치르는 구기종목을 제외하고는 참가를 원하는 모든 나라의 선수들이 대회 장소에 집결한다. 한 종목만을 집중적으로 치르는 것이므로, 올림픽에 비하면 경기 기간도 짧고 일반 팬들의 관심도 상대적으로 적은 편이다. 올림픽은 최근 들어 참가를 원하는 국가와 선수의 숫자가 급증하면서 대회 규모를 줄이기 시작했다. 선수단 규모만 20,000명을 넘어선 탓에 여기서 더 숫자가 불어나면 효율적인 대회 운영이 사실상 불가능할 것이라는 전망이 이어졌다. 그래서 나온 아이디어가 기준기록, 대륙별 쿼터 등으로 참가선수의 숫자를 원천적으로 제한하는 방법이다. 올림픽의 장점은 여러 종목의 경기를 비교적 장기간에 걸쳐 진행함으로써 규모의 경제를 실현한다는 것이다. 예컨대, 각 경기단체의 세계선수권대회가 소수의 마니아들을 위한 전문점이라면 올림픽은 뷔페식당이요 백화점이라고 말할 수 있다. 올림픽 정식 종목이라는 사실 자체가 경기단체의 권위를 상보적으로 보증하는 것이므로, 각 경기단체는 올림픽 타이틀도 세계선수권과 동일한 권위로 인정하는 것이 상례이다. 그러나 각 경기단체의 올림픽에 대한 인식은 각 종목의 다양한 경기 방법만큼이나 가지각색이다.

축구

축구의 경우, 올림픽 금메달이 세계 축구계에서 차지하는 비중은 단언컨대 월드컵 8강의 저 밑이다. 북한이 이탈리아를 1-0으로 물리치고 8강에 올랐던 저 1966년 월드컵의 신화는 40년이 다 되어 가도록 오늘날까지 유럽 대륙에서 되풀이되며 언급되는 현재진행형의 '살아 있는 역사'이다. 그러나 일본 축구 최대의 전리품인 1968년 멕시코시티 올림픽 동메달은, 언급은 고사하고 그 사실 자체를 알고 있는 전문가마저 흔하지 않은 실정이다. (그렇다고 올림픽 축구 금메달이 무가치하다는 이야기는 절대 아니다.) IOC는 세계적으로 가장 두꺼운 지지층을 거느린 축구를 차마 올림픽에서 제외할 수 없기에, 프로가 출전하지 않는 2류 타이틀의 불명예를 '울며 겨자 먹기'로 감수해왔던 것이다. 올림픽 축구의 금메달은 1956년 소련의 등극 이래 1980년까지 동구권의 독무대였다. 세계 프로축구계의 흐름 및 월드컵의 판도와는 다른 양상을 보인 것이다. 세계축구협회가 올림픽에 대해 이토록 고자세를 견지할 수 있었던 배경은 월드컵만으로도 얼마든지 막대한 수익을 올릴 수 있었기 때문이다. 올림픽을 홀대하는 것이 한편으로는 월드컵의 권위를 보호하는 방편이기도 했던 것이다.

아마추어와 프로의 경계가 모호해지면서 올림픽에도 프로선수의 출전을 허용해야 한다는 분위기가 대세를 형성하자, 세계축구연맹은 올림픽을 23세 이하의 경연장으로 만들겠다며 선수를 쳤다. 이미 청소년 대회(20세 이하), 유소년 대회(17세 이하)를 주관하던 세계축구연맹은 월드컵 산하의 또 다른 보조 타이틀 하나를 남의 손을 빌려 창설하고자 움직였던 것이다. 그 첫 대회가 1992년 바르셀로나 올림픽이다. 대회가 끝나고 월드컵 본선경기에 비해 경기 수준이 현저히 떨어진다는 비난이 이어지자, 양 단체는 협상을 통해 "연령에 구애받지 않는 와일드카드 선수 3명 출장 허용"이라는 합의문에 서명한다. IOC는 상업화되어버린 올림픽에서 축구가 차지하는 비중을 알기에 강경한 태도를 견지하기 어려웠고 세계축구연맹 역시 최대규모의 스포츠 축제를 완전히 외면할 수는 없었던 것이다. 정식 종목으로 채택되기 위해 필사의 노력을 펼치는 장외 종목들에 대해 IOC의 수뇌부들이 보이는 고자세와 대비해 보라.

육상

육상은 다른 경기자의 부진이나 부상이 자신의 이득과 이어지지 않는, 오직 기록을 향해 개인 개인이 고독한 사투를 펼치는 비영합(non-zero-sum)경기다. 그러나 중계 기술의 발달과 미디어 수요의 증가로 막대한 제작비의 투여가 가능해지면서, 예를 들어 수십 대의 카메라를 동시에 돌림으로써 경기 장면의 모든 세부가 사실보다 더 생생하게 일반인의 눈과 귀에 전달됨으로써 육상경기에 대한 일반적 관심이 폭발적으로 증가했다. 고도로 단련된 미세한 근육의 움직임이 한없이 아름답다는 사실을 대중들이 화면을 통해서 새삼스레 깨달은 것이다. 가쁜 숨을 몰아쉬는 선수들의 표정, 바통 터치할 때의 손끝, 멀리뛰기의 고공비행, 높이뛰기의 1차시기 도전기록을 어디서부터 시작하는 것이 유리한가 하는 문제가 팬들의 관심사로 떠오르면서, 사람들은 육상경기에도 구기경기 못지않은 작전의 묘와 복잡한 이론이 내재해 있다는 사실을 발견했다.

그러나 세계육상연맹 관계자들이 발견한 전인미답의 신천

지는 일반 팬들이 세계적 스프린터(단거리 경주선수)들이 펼치
는 100m 경주나 건각(健脚)들의 마라톤 레이스를 고독한 기록
경기가 아닌 영웅들의 대결구도로 받아들이기 시작했다는 점
이었다. 1991년 도쿄 세계선수권대회 이후 1993년의 독일 대
회, 1995년의 스웨덴 대회에서 이러한 추세가 보다 선명하게
드러나고, 더불어 전 세계 방송사들이 거액의 중계료를 제시
하며 적극적으로 달려들자 세계육상연맹은 독립의 시기가 머
지않았음을 직감적으로 간파했다. 그리고 구소련의 붕괴 이후
절대강자가 사라진 벌판에서, 세계선수권자를 보유한 국가군
이 아프리카의 남단으로부터 동서유럽을 아우르고 아시아에
까지 고르게 분포되어 있다는 사실에 주목했다. 그리고 새로
운 아이디어를 배양하기 시작했다. 단 한 명의 세계적인 선수
를 보유했다는 사실만으로도 그 나라는 육상대회 전체에 관심
을 쏟고 TV중계반을 보낼 것이다. 그렇다면, 세계선수권대회
만으로도 범지구적인 내셔널리즘을 자극하고 규모의 경제를
실현시킬 수 있는 것이 아닌가. 이 지점에서 세계육상연맹은
IOC를 향해 올림픽 육상경기를 축구의 예를 따라 연령제한 경
기로 치르되 그 기준선을 26세 이하의 선수들이 참여하는 것으
로 하면 어떻겠느냐고 슬쩍 견제구 하나를 던졌다. 육상이 빠
진 올림픽은 더 이상 예전 같은 올림픽이 아닐 것이다. 육상 역
시 아직은 올림픽이라는 거대 이벤트를 품고 가는 편이 절대적
으로 유리하다. 독립채산의 기치를 치켜들고 야금야금 영향력
을 확장하려는 세계육상연맹의 도전을 IOC는 어떻게 방어할

것인가. 실로 흥미진진한 구경거리가 아닐 수 없다.

테니스

초창기의 몇 대회이후 자진해서 올림픽 무대를 떠났던 테니스는 1988년 서울 올림픽을 기점으로 정식 종목으로 재진입했다. 전영, 전미, 전불, 전호주 오픈 등 4대 타이틀 체제가 확고했던데다 선수들이 세계를 돌며 경기를 치르는 '투어 프로'의 개념이 일찍부터 정착되어 있었던 관계로, 표면적으로 아마추어리즘을 고수하는 올림픽에서 테니스의 설 자리는 없는 것과 마찬가지였다. 세계랭킹 200위권 선수들까지 전업선수인 마당에 아마추어 타이틀은 너무도 권위가 없을 터였다. 게다가 테니스는 나름대로 대규모의 열성적 지지자를 거느리고 있었기 때문에 굳이 올림픽의 권위에 의탁할 까닭이 없었고 국가 대항전인 데이비스컵(남자)과 페더레이션컵(여자) 대회도 매년 짜임새 있게 운영 중이었다. 테니스의 올림픽 재진입은, 테니스의 인기를 권위 신장에 이용하려는 IOC의 입장과, 미래를 위해 제3세계에 시급히 뿌리를 내려야 한다는 테니스연맹 수뇌부의 심고원려가 의기투합한 결과이다. 다시 말하면 테니스로서는 세계랭킹에 의거하여 출전 선수를 선정하는 기존 대회와는 다른 기준을 적용하여 약소국 선수들의 출전을 제도적으로 보장하는 메이저 타이틀이 필요했던 것이다.

아! 손기정

베를린 올림픽

손기정과 남승룡을 빼고 한국체육사를 논할 수는 없다. 단언컨대 어떤 운동경기의 승리가 한 민족에게 이만큼 긍정적 영향을 끼친 사례는 세계사를 통틀어 전무후무할 것이다. 세계 체육사를 기준으로 보더라도 손기정의 우승에는 각별한 의미가 있다. 사상 최고의 스포츠 이벤트에서 사상 최고의 드라마를 연출하며 건져낸 장엄한 승리이기 때문이다. 이 말을 이해하려면 먼저 베를린 올림픽이 갖는 역사적 의미를 살펴보아야 한다.

눈 깜빡하는 사이에 판이 엄청나게 커져버렸다. 이제는 아무도 상황을 통제할 수 없다. 올림픽 개막을 앞둔 1936년의 베를린. 폭풍전야의 숨 막히는 긴장이 도시 전체를 짓누르고 있었다. 1931년 4월의 IOC 총회, 독일 정부는 국가차원의 총력준비를 약속하며 올림픽을 유치한다. "제1차세계대전의 상흔을 말끔히 씻어내고 전후복구를 마무리했으니 전 세계 사람들에게 우리의 모습을 보여주고 싶다." 그들은 그렇게 유치위원들의 마음을 움직였다. 도시계획 개념을 동원하여 스타디움과 선수촌을 건설한다는 발상도 사상 초유였지만 고대 올림픽 발상지로부터 성화를 봉송하고, 거리 곳곳에 설치한 폐쇄회로 텔레비전 중계로 시민들이 실시간으로 올림픽을 즐기도록 한다는 등의 기발한 아이디어들이 실행에 옮겨졌다. 이것은 그야말로 완벽한 축제였다. 어떤 의미에서는 현대 올림픽의 근간을 이루는 상당한 제도와 관행의 많은 부분이 베를린 올림픽에 빚지고 있다고도 말할 수 있는 것이다.

그러나 올림픽 정신은 엉뚱한 지점에서 암초를 만난다. 1933년 1월 아돌프 히틀러의 집권 그리고 올림픽 경기를 인종주의와 국수주의의 선전장으로 만들려는 거대한 공작. 국제적으로 올림픽 보이콧의 조짐이 보이자 히틀러는 "유태인을 비롯한 모든 인종의 올림픽 참가를 환영한다"는 성명을 발표한다. 보이콧을 주장하는 사람들의 도덕적 명분과 근거의 예상을 뛰어넘는 파격으로 승부하며 맞불을 놓은 것이다. 상황이 이렇게 돌아가는 이상 호랑이굴로 뛰어들어 정면승부를 벌이는 수밖에 없다. 그것이 나치의 음모를 분쇄하는 유일한 길이다. 여기서 참가를 포기한다면 그것은 나치의 선전선동에 암묵적인 힘을 실어주는 이상도 이하도 아닐 터이다. 세계인들은 이렇게 다짐하며 속속 베를린으로 집결했던 것이다. 개막식 당시 여러 서방 국가 선수단은 올림픽 전통 하나를 고의로 무시했다. 본부석을 지날 때 주최국에 대한 예우의 표시로 국기를 숙이는 대신 꼿꼿이 깃발을 세우고 행진을 계속했던 것. 여러 문헌들은 이때 스타디움을 가득 메웠던 술렁거림을 예사롭지 않은 필치로 기록하고 있다. 제2차세계대전은 이미 1936년 베를린 올림픽 스타디움에서 그 비극의 옷자락을 살짝 드러내 보였던 것이다. 이처럼 파란을 예고하며 막을 연 베를린 올림픽, 그때 관중석에 앉아 있던 어느 누구도 이 올림픽이 1948년 런던 올림픽이 열릴 때까지 마지막 올림픽이 되리라고는 생각을 하지 못했으리라. 1940년 도쿄 올림픽과 1944년 런던올림픽은 열리지 않았다. 일본의 중국 침공으로 중일전쟁이 발발하자 IOC는 일본의 개최권을 회수, 헬싱키를 개최지로 결정했으나 소련의 핀란드 침공이 이어지면서 1940년 올림픽은 무산되었다. 연이은 제2차세계대전의 발발로 1944년 올림픽도 역시 사산의 길을 걸었다. 이것이 베를린 올림픽의 역사적 배경이다. 베를린 올림픽 우승자들은 무려 12년간 현역 올림픽 챔피언의 지위를 유지하며 숱한 신화와 전설의 주인공이 되었던 것이다.

손기정과 남승룡의 출전

마침내 1936년 8월 9일 오후 3시, 올림픽의 꽃이라는 마라톤 경기가 열렸다. 출발당시의 온도는 섭씨 22.3도, 종료 시의 기온은 21도였다. 베를린 올림픽 스타디움 주경기장의 관중석은 10만 관중이 몰려들어 입추의 여직 없었다. 스타트라인에 선 56명의 건각 중엔 두 사람의 한국인도 끼어있었다. 손기정과 남승룡. 그들의 출전은 그 자체가 드라마였다. 1940년 올림픽을 유치한 일본은 전략종목으로 마라톤을 육성했다. 그리고 1935년 시즌 세계랭킹 10걸 가운데 7명이 일본 국적이라는 놀라운 성공을 거둔다. 문제는 거기에 포함된 두 명의 한국인, 손기정(2시간 26분 42초 : 1위)과 유장춘(2시간 31분 27초 : 10위)이었다.

위험한 인물 손기정. 세계최초로 2시간 30분의 벽을 허문 당시 세계신기록 보유자. 그때까지 열한 번의 풀코스를 달려 준우승 한 차례, 3위 한 차례를 제외하고는 모조리 우승을 차지한 마라톤의 귀재. 일본으로서는 이 청년의 두 다리로부터 민족의식이 점화되는 걸 막아야 했다. 습도와 고온이 변수로 작용하기를 기대하면서 일본육상협회는 1936년 5월 21일에야 올림픽 최종선발전을 개최한다. 그러나 세상만사가 언제나 뜻대로 풀리지는 않는 법. 진구 구장과 로쿠고 다리를 왕복하는 코스에서 열린 레이스에서 복병 정도로만 생각했던 순천 청년 남승룡이 선두권으로 치고나가는 걸 보고 일본 육상관계자들은 가슴이 뜨끔했단다. 남승룡은 1935년 시즌에는 부진했지만, 1932년 시즌부터 세계랭킹 5위권의 호기록을 연이어 작성하며 무섭게 떠오르던 강자였다. 그렇다면 유장춘은 어디 있는가. 주종목 1만 m(당시 일본기록 보유자)를 버리고 마라톤으로 전향했던 이 사나이는 손기정과 남승룡을 위해 기꺼이 자신을 희생하였다.

유장춘의 희생

1936년 봄 어느 날, 유장춘에게 이상백 박사로부터 한번 만났으면 한다는 전갈이 왔다. 「빼앗긴 들에도 봄은 오는가」의 시인 이상화의 친형이기도 한 이상백은 당시 일본체육회 이사를 지내며 조선인 운동선수들의 보호막이 되어주던 체육계의 큰 어른이었다. 이상백은 유장춘과 손기정, 남승룡을 한 자리에 모아놓고 이렇게 말했다. "제군들, 내 독단을 용서해 주게. 우리들 사이에서는 이미 무언의 합의가 이뤄졌다는 것을 보여 줄 필요가 있네. 유군, 최근의 추세로 보자면 손군과 남군에게 더 가능성이 있지 않느냐는 것이 내 생각일세. 어려운 부탁인 건 알고 있네. 자네한텐 정말 미안한 말일세만, 선발전에서 페이스 메이커의 역할을 맡아 주겠나." "물론입니다. 저도 선생님과 생각이 똑같습니다. 기쁜 마음으로 손군과 남군을 위해 양보하겠습니다. 손군, 남군, 내 몫까지 열심히 달려서 꼭 선발전에서 우승을 해주게. 그리고 올림픽에 나가서도 반드시 좋은 성적을 내줘야 하네." 네 사나이 사이에서는 다른 말이 필요 없었다 한다. 유장춘은 이상백 박사의 말을 듣고 일말의 망설임도 없이 벌떡 일어나 손기정, 남승룡의 손을 치켜들었다고 했다. 그런데 '우리들 사이의 무언의 합의'란 무엇을 말하는 것인가.

일본에게 배당된 올림픽 마라톤 출전권은 세 장. 이 중 두 장을 조선 출신이 가져가서는 곤란한 일이었다. 무언가 이를 막기 위한 일들이 진행되지 않는다는 보장이 없었다. 유장춘은 약속대로 두 후배들을 위해 한 몸을 던진다. 초반부터 엄청난 스피드로 내달리며 당시 세계랭킹 2위 이케나카 야스오(2시간 26분 44초)를 유인, 탈진 끝에 레이스를 포기하게 만든 것. 반환점을 돌 때(1시간 18분 24초)까지 선두로 내달리던 유장춘은 이 레이스를 완주하지 못한다. 남승룡은 38㎞ 지점에서 선두 손기정을 추월, 1위로 골인한다. 규정에 따르면 최종 선발전 1, 2, 3위인 남승룡, 손기정, 스즈키 후사시게가 베를린에 가야 했다. 그러나 이것이 전부가 아니었다. 일본육상협회는 베를린에 네 명의 마라토너를 파견하고 7월 22일 현지선발전이라는 기상천외한 30㎞ 레이스를 펼친다. 후텁지근한 날씨를 감안한다 하더라도 남승룡의 우승전 선발 기록(2시간 36분 03초)이 기대 이하였기에 입상가능성을 극대화하기 위해 현지적응력이 뛰어난 선수에게 기회를 줘야 한다는 것이 그들이 내세운 명분이었다.

잊혀진 영웅 권태하

　여기에 또 한 사람의 잊혀진 영웅이 등장한다. 권태하. 1906년 6월 2일생, 2시간 42분 52초의 기록으로 로스앤젤레스 올림픽 마라톤 9위를 차지한 러너. 올림픽 이후 로스앤젤레스에서 고학을 하며 미국에 머물기도 했던 이 영웅의 당시 직업은 만주철도사 직원이다. 그는 현지 노동으로 여비를 벌어가며 베를린까지 달려왔다. 당시는 21세기가 아니라 1930년대다. 장거리 여행이 갖는 거리감과 경제적 부담은 지금과는 차원이 달랐을 것이다. 서울에서 올림픽 예상 기사를 3회에 걸쳐 연재하기도 했던 권태하가 베를린까지 달려온 것은 현지 선발전에 대한 정보 때문이다. 어떻게든 일본의 농간을 막아야 한다.

　그는 전 올림픽 대표선수 자격으로 현지 임원진이 쳐놓은 인의 장막을 뚫고 들어갔고 레이스 당일 시키지도 않은 감독관 역할을 수행하며 후배들의 기를 살려주었다. 말하자면, 권태하는 손기정과 남승룡의 현지 매니저로 기능한 것이다. 남승룡에게는 경기 전 찹쌀떡을 먹어야 베스트 컨디션을 내는 습관이 있었다. 갖은 연구 끝에 올림픽 본선 레이스 당일 권태하는 남승룡의 입 안에 찹쌀떡 비슷한 것을 넣어줄 수 있었단다. 그것만이 아니다. 권태하는 일찍이 손기정의 자질을 꿰뚫어 보고 1933년 손기정에게 격려 편지를 보내기도 했다. 손기정은 미국에서 날아온 하늘같은 대선배의 격려에 크게 고무되

었었노라고 자서전의 한 페이지를 들어 고백하였다. 겨레의 정성이 이렇게 한 갈래로 모이고 있었다. 결국 현지 선발전의 성적대로 출전선수가 정해졌다. 손기정, 남승룡, 시아쿠 타마오. 이것이 우리 영웅들의 올림픽 출전 막후비화다.

역사상 가장 위대한 승리

당시의 우승후보 1순위는 1932년 올림픽 마라톤에서 2시간 31분 36초의 기록으로 우승한 아르헨티나의 후안 자발라였다. 로스앤젤레스의 더위를 막기 위해 머리에 두건을 두르고 뛰었다 해서 붙은 별명이 '흰 두건의 자발라'. 그는 대회 3주전 베를린 현지에 도착하여 시차적응을 하고 8월 2일에는 1만 m에 출전, 6위로 골인하며 컨디션 점검까지 마친 상태였다. 올림픽 마라톤 2연패에는 아무런 걸림돌이 없어보였다. 스타트 총성이 울리자 이 남미의 사나이는 총알처럼 달려 나갔다. 4㎞ 지점에서 이미 2위 마누엘 디아스(포루투갈)와의 통과기록 차이가 30초나 벌어질 정도의 하이페이스였다. 하퍼(배번 265)와 손기정(배번 282)은 6㎞ 지점에서 3위와 4위로 따라 붙으며 선두권으로 진입했다. 15㎞ 통과 당시 자발라와 디아스와의 기록 차는 1분 40초. 그 30초 뒤로 하퍼와 손기정이 끈기 있게 따라 붙었다.

20㎞ 지점에서 자발라와 디아스의 페이스가 느려졌다. 자발라의 통과 기록은 1시간 11분 29초. 하퍼와 손기정은 디아

스를 뒤로 밀어내고 자발라에게 50초 안쪽으로 접근해 있었다. 23km 지점에서 원기를 회복한 듯 자발라는 가속을 내기 시작했고 한때 하퍼와 손기정에 92초 차이로 앞서 나가며 올림픽 마라톤 2연패 신화의 꿈을 키웠다. 그러나 그는 거의 한계점에 다다라 있었다. 28km 지점, 그때까지 하퍼와 나란히 달리던 손기정은 스퍼트를 감행하며 이 영국인과 10m 정도의 간격을 만들었다. 그리고 31km 지점에서 자발라를 추월했다. 하퍼에게도 앞자리를 내준 자발라는 32km 지점에서 레이스를 포기한다.

남승룡은 지금 어디를 달리고 있나? 남승룡은 본디 35km 이후에 놀라운 스피드를 내며 상대를 추월하는 후반의 왕자였다. 그것이 그의 스타일이었다. 10km 통과순위 33위, 15km 25위, 반환점 15위, 25km 13위, 30km 11위로 올라서며 조금씩조금씩 선두와의 거리를 좁히던 남승룡은 33km를 7위로 통과한 끝에 35km 지점에서 선두 손기정에 3분 45초, 2위 하퍼에 정확히 3분이 뒤진 기록을 마크하며 3위로 뛰어올랐다. 손기정은 거칠 것이 없는 기세로 질주하기 시작했다. 40km 통과 기록은 2시간 19분 40초. 87초 뒤에 하퍼가 따라오고 하퍼와 90초의 간격을 두고 남승룡이 달렸다.

대회 조직위 관계자들은 애간장을 태웠다. 그들이 생각한 예상 골인 시간은 2시간 30분대 중반. 트랙에서는 17시 25분 현재 400m 계주 경기가 열리고 있었다. 39초 8의 세계 신기록을 세우며 우승한 미국팀에는 저 유명한 제시 오웬스도 끼어 있었다. 제시 오웬스의 네 번째 금메달. 관중들의 환호성이 이어지는 가운데 경기장 출입구 근처에 앉아 있던 관중들이 일제히 일어나며 아주 다른 종류의 탄성을 발하기 시작했다. 마라톤 선두주자가 경기장에 모습을 드러낸 것이다. 손기정은 마지막 100m를 13초 3의 초스피드로 내달리며 선두로 골인했다. 2시간 29분 19초 2. 올림픽 마라톤 사상 최초의 30분벽 돌파기록 그리고 일본 육상 사상 최초의 금메달. 뒤를 이어 하퍼가 2시간 31분 23초 2의 기록으로 결승선을 넘었고 남승룡은 하퍼에게 19초 뒤진 기록으로 3위에 입상했다. 자신의 생애 최고기록이었다. 하퍼와 남승룡은 경기장으로 들어오는 통로에서 어깨를 맞댈 정도로 접전을 벌였고 하퍼의 마지막 스퍼트를 남승룡이 놓치면서 2위와 3위로 승부가 갈렸다.

손기정은 경기 후「뉴욕 타임즈」와의 인터뷰에서 "레이스 초반 자발라를 따라잡으려는 나에게 하퍼는 '슬로우, 슬로우'라고 연이어 말하며 페이스를 조절하도록 도와주었다. 그가 진정한 승자다"라고 하퍼에게 영광을 돌렸다. 1970년대 중반이던가 편지 한 장이 손기정에게 배달되었다. "저는 하퍼의 딸입니다. 호주에 이민을 왔습니다. 아버지는 돌아가셨습니다. 생전에 아버지는 손기정이야말로 가장 위대한 스포츠맨이라는 말씀을 자주 하셨습니다. 꼭 그 이야기를 전해드리고 싶었습니다." 손기정의 답장에는 하퍼의 죽음을 진정으로 애도하는 눈물과 그의 배려에 감사하는 마음이 절절히 녹아 있었을 것이다. 손기정보다 열세 살 많았던 이 영국인은 승자의 찬사를 들을 자격이 충분히 있다.

손기정은 조직위원회가 마련한 영구보존용 승자 사인첩에 한글로 서명을 했다. 왜 한자로 이름을 쓰지 않느냐는 일본 임원의 말엔 어차피 한자나 한글이나 서양 사람들은 다 읽지 못한다고 대답했단다.

너무도 유명한 사건, 시상식에서 손기정과 남승룡 두 사람이 모두 꽃다발로 가슴의 일장기를 가리고 동아일보가 이를 받아 사진에서 일장기를 지워버린 '일장기 말소 사건'은 다음 기회에 다루기로 하자. 다만 손기정이 평생을 두고 태극기와 각별한 인연을 맺은 인물이라는 점은 밝혀둘 필요가 있다. 1945년 해방 직후 열린 전국체전 입장식, 손기정은 모든 참가자를 대표한 태극기 기수였다. 태극기 아래에서 그가 감격의 눈물을 흘리는 저 유명한 사진을 본 적이 있으신지. 1945년 보스톤 마라톤에서 서윤복이 세계신기록을 세우며 우승할 당시 31세의 손기정은 선수단의 단장이었다. 마지막까지 출전의지를 보였으나 "스승을 앞지를 수 없으니 그렇다면 제가 경기를 포기하겠습니다"라는 서윤복의 진언에 올림픽 챔피언은 마음을 돌렸단다. 내막을 살피자면, 손기정이 우승을 한다면 모르되 성적이 좋지 않다면 올림픽 우승자의 명예가 훼손될 것을 우려하여 여러 사람이 사전에 출전을 만류하기로 했다는 일화가 있다. 33세의 남승룡은 이 대회에 출전, 10위로 골인하며 녹슬지 않은 기량을 과시한다.

그리고 1988년 서울 올림픽. 백발의 노인 하나가 성화를 들고 경기장으로 뛰어 들어왔다. 펄쩍펄쩍 뛰며 환호하는 이 세계 최고령 성화 봉송 주자를 보고 사마란치 IOC위원장을 비롯한 전 올림픽 수뇌부가 일제히 몸을 일으켰다. 그리고 경건한 자세로 열렬한 박수를 치기 시작했다. 손기정. 52년 전 일장기를 가슴에 달고 묵묵히 세계정상에 올랐던 청년이 이제 70대의 노인이 되어 세계시민들이 지켜보는 역사의 현장 한가운데로 뛰어 들어온 것이다. 올림픽의 상징을 두 손으로 떠받들고 흐르는 눈물을 닦지도 않은 채. 자신의 조국에서 열린 올림픽. 이날 태극기는 서울 하늘 높이 날아올랐다.

다시 1936년으로 돌아가 보자. 손기정과 남승룡의 승전보를 듣고 전국은 흥분과 눈물의 도가니로 변해버렸단다. 축가를 담은 기념 음반이 제작되었고 당대 제일의 연극 공연장인 서대문의 동양극장에서는 8월 23일부터 「마라손 왕 손기정군 만세」라는 연극이 공연되기도 했다. 전국의 학교에서, 상점에서, 거리에서, 들판에서 만세소리가 끊이지 않았다. 당대의 문인 심훈은 "이래도 우리를 약한 족속이라고 부를터이냐"며 사자후를 토하기도 했다. 식민지 백성의 비애를 헤아리지 않고서는 그때 그 감격의 의미를 이해할 수 없으리라. 그것은 단순한 승전보가 아니었다. 노력만 하면 우리도 모든 분야에서 얼마든지 세계수준에 도달할 수 있다는, 민족의 미래를 향해 쏘아올린 장엄한 희망의 신호탄이었다. 누구도 감히 부인할 수 없는 방법으로 민족적 성공의 가능성을 제시해준 빛나는 성취요, 장엄한 발자취였다.

영웅을 기리지 않는 사회에는 미래가 없나니, 손기정, 남승룡, 유장춘, 권태하 선생께 존경과 추모의 뜻을 담아 보낼진저.

손기정(1914~2004) 마라톤 기록 총보

1933.10.10 서울	2:29:34.4 우승(제9회 조선신궁 마라톤 :2위 남승룡 2:30:50)
1934. 4.22 서울	2:24:51.2 우승(조선체육회 전 조선 마라톤 선수권. 비공인 세계신기록)
1934.10.8 서울	2:32:19.8 우승(제10회 조선신궁 마라톤)
1935.3.23 도쿄	2:26:14 우승(메이지신궁 일본선수권대회)
1935.4.3 도쿄	2:39:34 3위(베를린올림픽 후보평가전)
1935.4.27 서울	2:25:14 우승(조선육상경기협회 제1회대회)
1935.5.18 서울	2:24:28 우승
1935.9.29 서울	2:42:02 우승
1935.10.8 서울	2:33:39 2위(제11회 조선신궁 마라톤 :우승 유장춘 2:30:24)
1935.11.3 도쿄	2:26:42 우승(메이지신궁 일본선수권대회)
1936.4.18 도쿄	2:28:03 우승
1936.5.21 도쿄	2:38:12 2위(베를린올림픽 선발전)
1936. 8.9 베를린	2:29:19.2 우승(베를린올림픽)

올림픽의 영웅들

벤 존슨 – 약물을 추방하라

로마제국 원로원은 막강한 권한 하나를 가지고 있었다. 기록말살형 선포권이다. 승하한 황제의 행적에 심각한 문제가 있을 경우, 제국의 공문서에서 그에 대한 모든 기록을 없애는 잔인한 형벌이다. 흉상과 조각을 포함한 모든 상징물도 함께 파괴하는 역사의 심판. 한 인간의 공적 생애가 흔적도 없이 지상에서 사라지는 것이다.

세계 체육계에도 기록말살형이 있었다. 1993년 1월 세계육상연맹이 결의한 100m 세계기록보유자 벤 존슨의 영구제명 조치다. 서울 올림픽 100m 결승이 벌어진 1988년 9월 24일

토요일 정오의 잠실 올림픽 스타디움. 전 세계 스포츠팬들이 숨을 죽였다. 이것은 희대의 경기였다. 벤 존슨과 칼 루이스. 자메이카 빈민가 태생의 잡초형 스프린터와 육상계의 명문 산타모니카 클럽 출신의 황태자 러너. 출세의 속도는 칼 루이스 쪽이 훨씬 빨랐다. 1981년 100m, 멀리뛰기 세계랭킹 1위 자리를 접수한 젊은 황제는 이 두 종목에 200m, 400m 계주를 덧붙여 1984년 LA 올림픽에서 4관왕에 등극했다. 1980년 8월 온타리오 선버리에서 열린 범아메리카 청소년육상선수권에서 처음 격돌한 이래, 벤 존슨은 단 한 번도 칼 루이스를 넘어서지 못했다. 전략변경이 불가피했다. 벤 존슨은 100m 단 한 종목에 집중한 끝에 1985년 처음으로 칼 루이스를 물리쳤다. 반사신경을 첨예하게 갈고 닦아 출발신호가 울린 후 누구보다도 먼저 뛰쳐나가는 것이 비장의 무기였다.

이후 두 영웅은 앞서거니 뒤서거니 승부를 주고받으며 '빅 벤(Big Ben)'과 '킹 칼(King Carl)'의 천하양분시대를 열었다. 그 정점이 서울 올림픽이었다. 여기에 한 조각 드라마가 더해졌다. 칼 루이스의 금메달 이야기. 아버지의 장례식장에서 칼 루이스는 자신이 가장 아끼던 그리고 자신의 아버지가 가장 자랑스럽게 생각하던 올림픽 100m 금메달을 관에 넣었다. 그리고 아버지의 시신에 대고 이렇게 속삭였다. "그동안 감사했습니다. 이건 아버지가 가져가세요. 다음 올림픽에서 제 몫으로 메달 하나를 반드시 더 따올테니." 세계 언론들은 다투어 이 이야기를 지면에 올리고 화면으로 엮었다. 큰 승부에 어울리는 모든 요소가 완비된 것이다. 마침내 스타트. 모두가 숨을 죽인 절대 질주 끝의 승자는 빅 벤 존슨이었다. 9초 79 대 9초 92. 활주로 끝에서 이 둘이 날아올랐대도 아무도 놀라지 않았으리라. 그만큼 이들의 스피드는 인간의 한계를 넘어선 것처럼 보였다. 3착 린포드 크리스티(영국 : 9.97), 4위 데니스 미첼(미국 : 9.99)까지, 역대 올림픽 100m에서 9초대의 선수가 넷이나 나온 것은 이때가 처음이었다. 속도에 관한 한 인류사의 신기원이 열린 것이다. 그러나 빅 벤 존슨의 우승은 삼일천하로 막을 내렸다.

금지약물 양성반응. 월요일 아침, IOC는 벤 존슨의 소변 샘플에서 아나볼릭 스테로이드 계열의 스타노졸롤이라는 약물이 검출되었다고 발표했다. 도핑테스트가 법제화된 1968년 올림픽 이후 총 43명의 선수들이 처벌을 받았지만, 금메달리스트가 적발된 것은 이번이 처음이었다. 메달 박탈, 그리고 2년의 자격정지.

1993년 벤 존슨은 다시 한 번 도핑테스트를 통과하지 못하고 영구제명이라는 탄핵선고를 받는다. 모든 스포츠는 스타와 함께 흥망성쇠를 거듭하는 법, 이런 식으로 스타를 버려도 괜찮은 것인가. 세기의 재대결을 원하는 팬들이 들고일어났다. 경기 당일 금지약물 양성반응이 나왔지만, 적발 이틀 전 같은 테스트를 통과했고 경기 나흘 뒤의 검사에서도 무혐의 판정을 받지 않았는가. 이 정도면 사소한 규칙 위반이다. 영구제명이라는 중징계는 아무리 생각해도 심한 조치다. 세계육상연맹은 명쾌하게 대답했다. 위반정도가 사소한 것은 맞다. 그러나 잘못을 저지르고 사과를 하지 않는다면 그것은 완전히 다른 차원의 문제다.

이 말을 이렇게 풀이해보면 어떨까. 예를 들어, 어느 나라의 사회지도층 인사가 교통법규를 위반했다고 하자. 범칙금을 물거나 잘못을 시인하면 문제는 거기서 깨끗이 끝난다. 그러나 "내가 뭘 잘못했느냐"고 우기고, 단속하는 교통경관을 비난한다면 이것은 더 이상 사소한 사건이 아닐 터이다. 약속과 규칙에 대한 근본적인 도전이기 때문이다.

세계육상경기연맹의 정당성에는 추호의 흠집도 없었다. 벤 존슨 동정론자들은 침묵할 뿐이었다. 벤 존슨 파동 이후 세계육상계는 질서를 회복했다. 약물도 사라졌다. 육상계, 나아가 올림픽 대회 자체가 휘청거릴 수도 있었던 사안을 깔끔하고 야무지게 마무리한 것이다. 제28회 아테네 올림픽 스타디움. 기원전 776년부터 1,100년간 고대 올림픽경기가 열렸고 1896년 제1회 근대 올림픽을 개최했던 바로 그 땅에서 올림픽이 열린다. 그리스라면 신화와 철학의 본향이 아니던가. 거기서는 불미스런 사고가 일어나지 않기를. 실수나 부주의로 규칙을 어겼다면 어느 누구라도 곧바로 사과하고 용서를 빌기를. 혹 잘못을 시인하지 않는 선수가 있다면 그 자가 누구이든 단호하게 처벌하는 용기가 이어지기를. 우리 자신을 위해 그리고 인류의 미래를 위해, 약물로 승리를 얻는 일은 두 번 다시 반복되지 말아야 한다.

장애를 극복한 영웅들

아베베 비킬라는 올림픽이 낳은 진정한 영웅이다. 올림픽 마라톤을 2연패한 최초의 선수이기 때문일까? 아니다. 아무도 예상치 못한 방법을 써서, 불가능해 보이는 길을 걸어간 끝에 마침내 신천지로 통하는 문을 열어젖혔기 때문이다. '지구력'만으로 시종하며 42.195㎞를 달리던 마라톤에 '스피드'라는 개념을 최초로 도입하고, 20분대 초반에 머물던 마라톤 세계 기록을 단번에 10분 이상 단축한 장엄한 업적 때문에 비킬라는 사관(史官)들의 높은 평가를 받는 것이다. 1960년 로마 올림픽 우승 기록은 2시간 12분 16초 02, 1964년 도쿄올림픽 우승 기록은 2시간 12분 11초 02. 선구자들은 늘 외로운 법이다. 비킬라식 주법을 두고 처음엔 육상 관계자들이 20㎞ 이상을 버티기 어려운 무리한 주행이라며 고개를 내저었다. 오청원(吳淸源)의 신포석이 이런 느낌이었을까. 알토란 같은 귀와 변을 모두 내어주고, 황무지처럼만 보이는 중원에 꿈을 심는 다케미야[武宮正樹]의 우주류(宇宙流) 바둑이 이런 느낌이었을까. 고정관념을 뒤집는 것은 아무나 할 수 있는 일이다. 그러나 고정관념을 뒤집고 새로운 방법을 사용하여 승리를 쟁취하는 일은 아무나 할 수 있는 일이 아니다.

1960년 올림픽, 마라톤 코스는 로마 시내를 일주하는 순환 코스였다. 그전까지의 불문율인 왕복 코스 구도를 혁파한 것도 화제였지만 더욱더 대중들의 갈채를 받았던 점은 이 달리기가 야간 경기로 진행된다는 사실 때문이었다. 이 문제적 마라톤의 백미가 바로 비킬라. 에티오피아 육군 소속의 이 사나이는 맨발로 100리를 달린 끝에 콜로세움 바로 옆에 마련된 결승점을 선두로 통과, 올림픽 금메달을 목에 건다. 아프리카의 전사는 레이스가 끝나고 후위로 들어오는 선수들을 바라보며 유연하게 몸 풀기 정리 체조를 한다. 자신은 조금도 지치지 않았다는 무언의 시위. 그 유연한 몸동작은 4년 후를 내다본 일종의 자기암시가 아니었을지.

1968년 멕시코 올림픽에서 사상 초유의 올림픽 마라톤 3연패에 도전하던 비킬라는 중간에서 레이스를 포기했다. 6개월 뒤, 명예회복을 선언하고 훈련에 열중하다 터진 비극적인 교통사고의 뉴스. 전 세계 스포츠팬들의 가슴에 허전한 구멍 하나가 생겼다. 몇 차례의 수술을 받았건만 그의 몸 상태는 조금도 좋아지지 않았다. 아베베 비킬라는 하반신 마비로 평생을 휠체어에 앉아 생활해야 했다.

미국으로 건너가 수술을 마치고 돌아온 귀국길, 꽃을 건네준 화동도 영웅을 환영하기 위해 도열한 군악대도 그리고 군중도 모두 침묵했다. 어떤 말도 건넬 수 없었다. 그러나 거기서 물러서는 것은 영웅이 아니다. 비킬라는 다시 운동을 시작한다. 그리고 다시 한 번 시상대 정상에 몸을 세운다. 탁구 라켓을 들고 획득한 장애인 올림픽 남자 탁구 단식 금메달. 그것은 두 개의 올림픽 금메달에 못지않은 또 다른 장엄한 성취였을 터이다.

사실 1968년 올림픽 출전은 비킬라에게는 여러 가지로 무리한 일이었다. 1964년(3회), 1965년(1회), 1966년(2회) 등 6회의 레이스에서 모두 우승한 뒤 실질적으로 은퇴상태였던 것. 1967년에 참가한 레이스는 사상 최초로 기권, 그 다음에 출전한 대회가 바로 1968년 올림픽이었기 때문이다. 충분한 연습 없이 국민들의 기대에 떠밀려 억지로 출전했던 대회라는 뜻이다. 아베베 비킬라의 마라톤 참가 횟수는 열다섯 번, 그 중 1위로 골인한 레이스가 무려 열두 번이다. 마지막 두 번의 기권을 빼면 그가 우승하지 못한 유일한 레이스는 5위로 골인한 1963년 보스턴 마라톤 대회. 그렇다면 그가 1위로 골인한 마지막 레이스는? 1966년 10월 30일, 서울과 인천을 왕복하는 코스에서 열린 동아마라톤 대회. 기록은 2시간 17분 04초였다.

장애를 극복한 영웅은 아베베 비킬라만이 아니다. 우리나라에도 그에 못지않은 영웅이 있다. 다음은 터키 사람 무스타파 다기스타니, 1956년 멜버른 올림픽 레슬링 자유형 밴텀급 금메달리스트의 회고다.

경기가 끝났다. 그는 믿을 수 없을 만큼 위엄 있는 자세로, 매트에서 천천히 몸을 일으켰다. 그리고 미소를 지으며 다가와 나에게 손을 내밀었다. 나는 운동복에다 허겁지겁 두 손을 닦기 시작했다. 그에게 젖은 손을 내민다는 건 무지막지한 결례라는 생각이 들었기 때문이다. 우리 코치들이 나를 에워쌌다. 마지막 결승전이 남아 있으니 절대로 긴장을 풀지 말라는 신호 그렇지만, 나는 꼭 들러야 할 곳이 있었다. 그를 만나야 했다. 상황판에는 그의 최종 성적이 4위라고 적혀있었다. 그가 천천히 걸어간 어두컴컴한 복도를 지나서 마침내 대기실 문 앞에 이르렀다. 안에서는 한 남자의 나지막한 흐느낌 소리가 흘러나왔다. 나는 내 양 손을 다시 한 번 바라보고 그대로 몸을 돌렸다. 그를 방해하지 말자. 내가 아는 가장 위대한 레슬러에게 나는 그렇게 경의를 표했다.

레슬링의 공격은 일단 상대를 잡는 것으로 시동을 건다. 그렇다면, 손가락이 없는 레슬러를 상상할 수 있는가. 어느 레슬러가 있었다고 하자. 1951년 군에서 수류탄을 다루다가 왼손 엄지부터 세 개의 손가락이 없어졌다고 하자. 민가 수색 중에 발견한 불발탄을 아무 생각 없이 던져버렸다면 그의 손가락은 무사했을 터이다. 그러나 민간인이 상하면 어쩌나, 만에 하나라도 나 때문에 다른 사람이 다치면 어쩌나 하는 생각에 그는 수류탄을 던지지 못했다. 그 불발탄이 그의 손끝에서 폭발할 때까지. 하늘이 무너지는 절망감을 뒤로하고 그 레슬러는 손목을 쓰는 리스트 록, 상대의 팔을 끼는 암 훅 등의 변칙기술을 연마하여 불가능을 뛰어넘었다.

이것이 마지막 올림픽 경기라고 생각하니 눈물이 솟는 것이었다. 그러나 관중들 앞에서 눈물을 보일 수는 없었다. 세계인들은 그때까지도 대한민국을 전쟁의 상흔이 가시지

않은 나라라고 생각하며 가는 곳마다 동정어린 눈길을 보내
주었다. 나는 한 나라를 대표하는 운동선수로서 내 조국의
품격을 높이고 싶었다.

패배가 확정된 순간에도 조국의 명예를 먼저 생각했던, 우
승자 다기스타니가 경의를 표했던 진정한 영웅의 이름을 이제
야 밝힌다. 그의 이름은 이상균(李相均), 애틀란타 올림픽 태
릉선수촌 관장, 대한민국 육군출신 6·25 참전 상이용사다.

패배의 미학과 진정한 희생정신

까뮈가 말했다. "인간의 위대함은, 한 사람의 매몰된 광부
를 구출하기 위하여 그를 잘 알지 못하는 여러 명의 사람들이
기꺼이 목숨을 건다는 데 있다"라고. 이 말에 동의한다면, 스
포츠가 인간의 위대함을 드러내는 제도 가운데 하나라고 단언
할 수도 있으리라. 절대절명의 순간에 섬광처럼 피어나는 눈
물어린 자기희생의 드라마가 있기 때문이다. 스포츠맨들의 지
상과제는 경기에서 승리하는 것이다. 그런데, 망신에 가까운
결과로 질 것을 알면서도 대의를 위해 자신의 명예를 내던진
사람들이 있다.

1964년 도쿄 올림픽. 개막을 불과 72시간 앞두고 조직위원
회는 초상집으로 변해버렸다. IOC의 결정에 반발한 북한이
국제관례를 무시하고 선수단의 전격 철수를 단행한 것. 사정

은 이러했다. 1963년, 소련은 인도네시아의 수도 자카르타에 10만 관중이 들어가는 스타디움을 짓고 공산권 국가와 비동맹 국가들을 모아 가네포 대회라는 종합경기대회를 개최했다. 유사 올림픽 대회에 격분한 IOC는 올림픽 출전의 전제조건으로 가네포 대회 출전 선수의 사과를 요구했고 북한은 여기에 끈질기게 반발했다. 1분간의 부녀상봉으로 유명한 신금단이 바로 가네포 대회 출전 선수였다. 신금단은 여자 육상 800m에서 사상 최초로 2분벽을 돌파한 기념비적 존재로, 당시의 세계기록 보유자이자 의심의 여지가 없는 부동의 금메달 후보 0순위였다.

문제는 일본의 전략종목 여자 배구였다. 올림픽 구기종목 참가팀의 최하한선은 여섯. 북한의 불참으로 출전국이 줄어들면 올림픽에 처음 입성한 여자 배구는 정식종목으로 인정받지 못한다. 그리고 다시 올림픽에 입성하려면 얼마만큼의 세월과 노력이 필요할 것인가. 이 난국을 대한배구협회가 해결해야 할 의무는 없었다. 그러나 대한배구협회는 배구의 미래를 위해 자신의 명예를 희생하고 기꺼이 총대를 멘다. 때는 1964년 가을이다. 예선탈락 후 해산했던 대표팀을 재소집하기 위해 임원들이 완행열차로 시외버스로 길을 달리고, 차편이 들어가지 않는 마을을 찾아 발품 팔기를 마다하지 않았다. 천신만고 끝에 하나 둘 선수들을 임시거처로 불러 모았지만 아직도 일이 끝난 것은 아니었다. 임원들이 남대문 시장에서 옷감을 사 오면 선수들은 밤을 새가며 단복과 유니폼을 만들었다. 그리고 백넘버와 태극기, 'KOREA'라는 팀 명칭을 꿰매 붙였다. 다음 날(10월 11일) 저녁, 퉁퉁 부은 눈으로 하네다 공항에 내린 한국 여자 배구 대표팀은 이튿날 체육관으로 직행, 첫 경기를 가졌다. 최종 전적은 5전5패, 94득점 225실점, 단 한 세트도 따내지 못한 최하위라는 초라한 성적표.

한국 여자 배구의 희생을 바탕으로 되살아난 올림픽 여자 배구, 그 배구에 신이 있다면, 그는 우리를 잊지 않을 터이다. 2004년 올림픽 한국 여자 배구 대표팀의 선전을 기대해도 좋으리라. 40년 전의 그 이름, 서춘광, 문경숙, 유춘자, 김길자, 오순옥, 정종은, 최동희, 홍남선, 오청자, 윤정숙, 곽령자, 이근수. 그런데 밤새 바느질을 하며 불을 밝히던, 우리의 누이와 어머니들은 지금 모두 어디서 무얼 하고 계시는가.

구기종목의 의미

1976년 몬트리올 올림픽의 여자 배구 동메달

1976년 몬트리올 올림픽에서 여자 배구가 동메달을 따내자 전 한국 스포츠계는 흥분을 감추지 못했다. 서울신문사에서 발행하던 『주간 스포츠』지는 '한국여자 배구의 발자취'라는 기획물을 일 년 이상 연재해가며 기분을 내기도 했다. 왜 그렇게 모두들 흥분했던 것일까. 구기종목은 속성상 팀워크의 뒷받침이 필수적이며 조직적인 장기간의 단체훈련을 필요로 한다. 구기종목의 메달은 그래서 스포츠 선진국 가입의 보증수

표나 마찬가지다.

1964년 올림픽에 처음 발을 디딘 이래 한국 여자 배구는 6위(1964년)-5위(1968년)-4위(1972년)로 4년마다 한 계단씩 올라서는 착실한 행군을 하고 있었다. 1976년 당시 세계 여자 배구의 절대강자는 일본과 소련. 그 두 나라는 우승과 준우승을 번갈아 차지하며 천하를 양분하고 있었다. 1964년 우승 후 연속해서 소련에 금메달을 내준 일본은 그야말로 절치부심, 처절하게 칼날을 갈고 닦았다. 1972년 뮌헨 올림픽 결승은 3-2 박빙의 차로 소련의 승리. 지금과는 달리, 당시의 규칙은 서브권을 가진 팀이 공격에 성공했을 때만 득점을 올리는 제도를 채택하고 있었다. 서브권 없는 팀이 공격에 성공하면 득점 없이 서브권만을 찾아오는 방식이다. 제4세트. 단 한 점의 득점도 없이 무려 스물네 번이나 서브권이 이동한다. 일본은 이 세트를 15-9로 가져오지만 체력소모가 너무 컸던 탓일까 마지막 세트를 11-15로 빼앗기며 은메달에 머문다.

1976년에도 사령탑을 맡은 고지마 감독은 그야말로 전심전력으로 대회를 준비했다. 예상성적을 묻는 기자들에게 다음과 같은 유명한 이야기를 남긴 것이다.

승부에 대해 말하라고? 전력차가 7:3이라면 승패는 9승1패로 갈린다. 6:4라면 7승3패 정도. 8:2라면 백전백승이다. 상대팀에 대한 전력우위를 확보하고 이를 유지보수하며 흔들리지 않는 것. 이것이 금메달의 비결이다. 상대를 얼마나 연구했냐고? 소련팀 감독의 중학교, 고등학교 성적표 사본을 입수해서 분석했다. 청소년기라면 누구나 자기만의 본질을 보석의 원석처럼 가지고 있는 시기가 아닌가. 아직 가공되기 이전의 자료를 분석하면 그 사람이 누구인지를 알 수가 있다. 그리고 그 사람이 어떤 배구를 펼칠 것인가를 예상할 수 있는 것이다.

이 말은 허언이 아니었다. 일본은 5전 전승, 세트 득실 15-0, 225득점 84실점의 경이적인 성적으로 퍼펙트 우승을 일궈낸다. 일본을 상대로 한 세트 열 점 이상을 올린 팀은 참가팀 가운데 한국이 유일했다.

3-4위를 가리는 대 헝가리전은 구기종목 최초의 메달 획득 유무를 판가름하는 한국 체육사상 기념비적인 경기였다. 12-15, 15-12, 15-10, 15-6 한국의 3-1 승리. 승리가 확정되는 순간 코트는 그야말로 울음바다로 변했다. 그러나 이 메달 획득의 뒤안길에는 오심의 혜택을 입은 대목이 있다. 6위팀 동독과의 경기에서 한국은 가까스로 3-2로 승리했다. 이 경기를 이기지 못했다면 한국은 3-4위전에 진출할 수 없었다. 사실은 이 경기는 한국의 패배로 끝났어야 옳다. 제5세트, 매치 포인트를 잡은 상황에서 동독의 공격이 멋지게 성공했다. 한국인 블로커 유경화의 손을 맞고 튕겨나간 분명한 터치아웃 그리고 동독의 득점으로 경기 종료. 그런데 선심은 공이 한국 선수의 손에 맞지 않고 그대로 라인을 벗어났다고 판정했다. 한국이

오히려 서브권을 가져온 것이다. 기사회생의 순간, 긴장했던 표정을 풀지 않고 선심을 응시하던 유경화가 가만히 팔을 들고 교체 요청 사인을 냈다. 그리고 벤치로 돌아와 커다란 수건으로 서둘러 얼굴을 칭칭 동여맸다. 블로킹을 떴을 때 상대의 스파이크에 맞아 유경화의 새끼손가락은 살짝 접질린 상태였다. 그것이 얼마나 아픈지는 당해본 사람만이 안다. 얼굴을 찡그리거나 아픈 표정을 지으면 마지막 기회가 날아갈지 모른다. 그래서 무섭도록 표정유지를 하며 얼음 같은 부동자세로 코트에 그렇게 서 있었던 것이다. 이걸 비신사적이고 맹목적인 승부욕의 발현이라고 나무라는 분이 계실지 모르겠다. 꼭 그렇게 볼 수는 없다. 왜?

1976년 대회부터 처음 투입된 여성 심판들은 유독 실수가 잦았다. 실력이 모자라서가 아니라 지나치게 긴장한 탓에 큰 무대에서 기량 발휘를 제대로 하지 못했던 것이다. 대차대조표를 작성하면 오히려 우리가 밑지는 장사라며 유경화는 머릿속에서 번개처럼 계산기를 돌렸던 것이다. 그리고 심판 판정이 내릴 때까지 있는 힘을 다해 참고 있다가 번복 가능성이 사라진 시점에서 얼른 벤치로 돌아와 아무도 자기를 볼 수 없도록 얼굴을 감싸고 땀을 닦는 척 하며 참았던 울음을 쏟아냈던 것이다.

경기 후 한국 선수단(이순복, 유정혜, 변경자, 이순옥, 백명선, 장희숙, 마금자, 윤영래, 유경화, 박미금, 정순옥, 조혜정)은 문제의 오심 판정을 내린 여성 심판에게 단체로 인사를 하러 갔단다. 얼굴이 빨개진 채로 수줍고 부끄러워서 몸 둘 바를 모르더라지. 누군가가 세계배구연맹 관계자에게 슬쩍 이 얘기를 흘렸단다. 돌아온 대답은 명쾌했다. 오심도 경기의 부분이다. 그리고 1964년 올림픽에 희생적으로 출전을 결행해준 한국 여자팀의 음덕이 작용한 거다, 이렇게 생각하기로 하자. 그리고 한국은 동메달을 차지할 충분한 자격과 실력을 갖춘 팀이었다.

1984년 LA 올림픽의 여자 핸드볼 은메달

LA에서 한국은 여자 농구와 여자 핸드볼에서 각각 은메달을 획득했다. 중국의 벽을 넘어 결승에 오른 뒤 대 미국전을 엄청난 전력 차이로 사실상 포기한 여자 농구와는 달리(85-55 패) 여자 핸드볼은, 적어도 필자의 견해로는, 우승 찬스가 분명히 있었다. 한국 여자 핸드볼이 비인기종목의 설움을 딛고 세계 정상을 향해 날개짓할 수 있었던 데는 세계 최고의 슈터 윤병순의 존재가 있었기 때문이다. 그러나 이 은메달에도 말로는 다하지 못할 뒷이야기가 있다.

1983년 11월 대한핸드볼협회는 침묵에 휩싸여 있었다. 남녀 모두 아시아 지역예선에서 탈락했다는 비보가 전해졌기 때문이다. 믿을 수 없는 일이었다. 여자팀은 1년 전 세계선수권 대회에서 중국과 두 번 만나 30-17, 33-24로 대승을 거두었다. 그런데 바로 그 중국에 덜미를 잡히다니. 한국과 일본, 중국이 벌인 더블리그에서 3승1패로 동률을 이뤘지만 골 득실에서 뒤지고 만 것이다. 남자팀마저 비슷한 케이스로 일본에 밀려 본선 티켓을 놓쳐 버렸다. 하늘이 우리를 버리려는가.

1980년 모스크바 올림픽 예선, 한국 여자팀은 우여곡절 끝에 아시아 예선을 1위로 통과하고, 세계연맹의 지시에 따라 지구를 반 바퀴 돌아 아프리카 콩고까지 날아갔었다. 그렇게 따낸 올림픽 출전권. 아무도 신경 쓰지 않는 관심의 사각지대에서 맺은 결실. 그것은 불모지에서 피어난 한 떨기 장미였다. 그러나 한국은 모스크바 올림픽 보이콧 대열에 동참했고 한국 여자 핸드볼 선수단은 보따리를 싸야 했다. 내일이면 퇴촌이다. 선수촌 한 구석에서 소리 내어 흐느끼는 것 외에 달리 할 수 있는 일이 없었다.

다시 1983년. 연말 이사회에서 누군가가 소련 및 동구권이 올림픽을 보이콧할 가능성이 있다고 보고했다. 그리고 세계연맹에 전화를 걸어 대타 출전 명부에 이름을 올려두자고 했다. 남자든 여자든 한쪽만 출전할 수 있어도 좋은 일 아니냐. 그렇지만, 혹시나 하는 가능성에만 의존해서 훈련을 하는 것도 쉬운 일은 아니었다. 아주 가끔 맥이 빠진다는 생각을 안 한 것은 아니지만, 선수와 코칭스태프의 의욕에는 아무런 문제가 없었다. 다만, 정정당당하게 출전권을 획득하고 땀을 흘려 훈련에 정진하는 다른 종목 선수들이 그렇게 부러울 수 없더라는 얘기였다. 괜한 자격지심에 눈치도 보이고 혹시 우리가 저들의 훈련을 방해하는 건 아닌지, 남의집살이하는 심정으로 조심조심 기다리기를 어언 6개월, 마침내 수화기 저쪽에서 메시지가 날아들었다.

"세계연맹입니다. 출전 준비는 계속 하고 있습니까?" "물론입니다, 아무 차질 없이 열심히 훈련에 훈련을 거듭하고 있습니다." "축하합니다." "뭐라고요?" "축하합니다. 한국팀의 올림픽 출전이 확정되었습니다. 막 이사회를 통과 했지요." "고맙습니다, 그런데 남자입니까, 여자입니까?" "그 얘기를 안 했군요. 둘 다 입니다." "정말……입니까?" "왜요? 무슨 문제가 있나요? 대기 순번 다음 팀에 출전권을 주는 것은 아무 문제가 없습니다." "아니, 그런 게 아니고, 너무 좋아서 그렇습니다. 감사합니다!" 남녀 모두 출전 가능. 5월 마지막 주 금요일의 일이었다.

이제는 훈련이다. 자격도 없는 친구들이 보이콧 덕분에 운 좋게 올림픽에 출전했다는 소리를 들을 수는 없는 일이었다. 마침내 본선. 남자팀은 일찌감치 메달권에서 멀어졌지만, 여자팀(손미나, 김경순, 이순이, 정회순, 김미숙, 한화순, 김옥화, 김춘례, 정순복, 윤병순, 이영자, 성경화, 윤수경)은 초반 두 경기를 23-22, 29-27로 아슬아슬하게 달아나며 희망의 불씨를 지피기 시작했다. 서기가 깃든 시점은 3차전 중국과의 경기였다. 종료 47초 전까지 스코어는 22-24. 두 번의 기적 같은 가로채기와 속공, 그리고 종료 벨과 동시에 던진 김옥화의 점프 슛으로 결과는 무승부. 도저히 뒤집을 수 없는 경기를 건지고 나면 선수단의 사기는 하늘을 찌를 듯 솟구치는 법이다. 이제는 메달이다. 여섯 팀이 벌이는 풀 리그에서 중간성적 2승1무라면

메달을 노릴 만했다. 관심의 사각지대에서 신데렐라 스토리가 피어나고 있었다. 다음 상대는 3전 전승의 유고였다. 이기면 금메달도 바라볼 수 있으나 진다면 4위 추락도 감수해야 하는 사실상의 결승전. 경기 전날, 이문식 감독과 정형균 코치는 숨죽여 흐느끼는 소리에 잠을 설친다. 코칭스태프가 안으로 잠긴 문을 따고 들어갔을 때 거기에는 눈물을 흘리며 아픔을 견디고 있는 한 처녀가 있었다. 윤병순은 어깨 인대가 늘어난 자리에 얼음찜질을 하며 처절한 고통을 참고 있었던 것이다. "저의 부상을 아무에게도 알리지 않겠습니다." 대 유고전, 한국이 전반 내내 서너 점 차로 끌려가자 벤치에 앉아 있던 윤병순은 결심한 듯 일어나 준비운동을 시작한다. 내보내달라는 무언의 시위였다. 체육인들에게 올림픽 금메달보다 더한 유혹이 어디 있으랴. 그러나 한국의 코칭스태프는 선수의 몸과 자신의 영예를 바꾸지 않는다. 계속 몸을 푸는 윤병순과 애써 그녀를 외면하는 두 남자 사이의 팽팽한 긴장. 한국은 그 경기를 23-29로 잃었다. 경기 후 흘린 윤병순의 눈물은 패배에 대한 회한의 눈물이었을까, 아니면 코칭스태프에 대한 감사의 표시였을까. 마지막 경기 대 서독전(26-17 승)이 끝나고 세계연맹 사무총장 린켄버거(서독)가 한국팀을 찾아왔다. "은메달을 따줘서 고맙다. 내 조국이 패배한 것은 섭섭한 일이지만, 대타출전 선정이 공정하게 이뤄졌다는 걸 그대들이 증명해줬다. 정말 축하한다." 이번에는 코칭스태프들도 마음껏 목놓아 울어버렸다. LA 하늘 가득 울려 퍼지던 대한민국 핸드볼팀의 가슴

뭉클한 진군가 한 자락.

스포츠맨의 눈물

신궁 김진호

세상의 누군가는 당신이 흘린 눈물의 의미를 완벽하게 이해한다. 그래서 한 레슬링 선수는 양궁경기를 보다 '꺼이꺼이' 소리 내어 울고 말았다. 1984년 LA 올림픽. 여자 양궁의 김진호는 부동의 금메달 후보 1순위였다. 두 번의 세계선수권대회를 연이어 제패했고 30m, 50m, 60m, 70m 개인종합 등 전 종목의 세계신기록을 보유한 글자 그대로의 일인자.

『리더스다이제스트』는 1984년 7월 올림픽 특집호에서 김진호의 기록에 대해 언급하면서 100m 육상으로 치자면 달릴 때마다 9초대를 기록하는 경이적인 성적이라고 부연하기도 했다. 예천의 고향 마을에서도 사정은 마찬가지였다. 메달 획득을 확신하고 아예 '경축 김진호 올림픽 □ 메달'이라는 플래카드를 미리 만들었다. 가운데 한 글자를 빈 칸으로 남겨놓은 것은 모두들 흥겨운 마음으로 즉석에서 '금'자를 그려 넣자는 뜻이었다. 텔레비전 방송반도 중계차를 대놓고 현지에서 대기하며, 금메달 획득의 바로 그 순간에 펼쳐질 가족과 고향 마을의 감격을 실시간으로 전하겠다는 의지를 불태우고 있었다. 누구에게도 김진호의 금메달은 그만큼 불변의 기정사실이었다.

그러나 김진호는 시상대 맨 윗자리에 서지 못했다. 결선 라운드에서 1, 2라운드 합계 2,555점을 기록하며 2,568점의 서향순, 2,559점의 리링주안(중국)에게 1, 2위 자리를 내주고 만 것. 자신의 최고기록에도 한참을 못 미치는 극도의 부진이었다. 더욱 안타까운 것은 평소의 김진호라면 생각할 수 없는 어이없는 실수가 나왔다는 사실이다. 다른 사람도 아니고, 어떻게 그가 과녁 자체를 맞추지 못하는 0점짜리 실사(失射)를 쏜단 말인가. 활을 잡은 이래, 공식 경기에서 김진호가 과녁 자체를 맞추지 못한 것은 그때가 처음이자 마지막이었다.

그러나 김진호는 끝까지 의연했다. 후배에게 따뜻한 축하의 인사를 건네고, 열여덟 살 앳된 얼굴의 은메달 수상자와도 포옹을 나눈 뒤 마음속 그늘을 애써 거두었다. 그런 상황에서 동메달을 목에 걸고 카메라 앞에 나와 생글거리는 얼굴로 인터뷰에 응한다는 것은 적어도 아무나 할 수 있는 일이 아니다. "뭔가 중압감에 시달렸던 것 같아요. 정말 아쉽죠. 어떻게 출전한 올림픽인데…… 사실은 좀 더 잘할 수도 있었거든요……." 그러다 그만, 우리의 신궁(神弓)은 갑자기 흐느끼며 폭포처럼 눈물을 쏟고 말았다. 어떻게 출전한 올림픽이라니, 이것은 무슨 말인가. 김진호에게는 사연이 많다. 1980년 모스크바 올림픽, 그때도 김진호는 부동의 금메달 후보 영순위였다. 어떤 대회든 늘 상대 선수와 열다섯 점 이상 격차를 벌이는 절정의 감각. 그러나 그는 올림픽에 나서지 못했다. 소련의 아프가니스탄 침공에 대한 항의의 표시로 서방 여러 나라가 올림픽에 불참했고 우리나라도 그 중의 하나였던 것. 스스로의 성적이 좋지 않아 올림픽에 나갈 수 없었다면 이토록 안타깝지는 않았을 것이다. 스포츠맨답게 깨끗이 승복하고 결과를 겸허하게 받아들였을 것이다. 그러나 본인의 의지가 미치지 못하는 곳에서 결정이 내려지고 그것 때문에 피해를 입어야 한다면 어느 누가 그런 상황을 아무 일도 아닌 것처럼 감내할 수 있겠는가. 그 비슷한 일은 그러나 그 전에도 일어난 적이 있다.

양정모의 눈물

1972년 뮌헨 올림픽, 황소처럼 울고 있는 거구의 사나이를 누군가가 어깨를 잡아 흔들며 달래고 있었다. "찌그러지고 으깨진 네 귀를 봐라. 매트를 뒹굴며 흘린 피와 땀의 흔적이 아니냐. 여기서 물러선다면 너무나 억울한 거다. 또 그런 일이 일어나면 단식투쟁을 해서라도 너를 올림픽에 내보내 주마." 레슬링 자유형 페더급(62kg)의 양정모. 국내 예선을 1위로 통과했으나 대한체육회는 입상 가능성 위주로 소수정예의 인원을 파견한다며 양정모의 이름을 올림픽 선수 명단에서 지워버렸다. 지금이야 사정이 달라졌지만, 경량급 이외의 체급에서 한국 선수들의 입상은 기대할 수 없다는 것이 당시의 정서이자 현실이었다. 그리고 대한민국의 경제력은 출전 가능한 선수의 최대치를 유럽으로 보낼 만큼 발전하지 못했다.

1964년 동경 올림픽 당시 지리적 이점과 재일동포들의 사기를 고려하여 비교적 대규모의 선수단을 파견한 것을 제외하면 우리는 언제나 파견단의 숫자를 조절해야 했다. 제3자에게야 얼마든지 설명이 가능하고 납득을 시킬 수도 있는 상황이지만, 당사자에게야 그만한 아픔이 어디 있겠는가. 냉정히 말하자면, 올림픽 선발전에서 우승한다는 것 자체가 예사롭지 않은 재능과 노력의 또 다른 증명이다. 그런데, 큰 뜻을 펼 기회가 원천적으로 사라진 것이다. 실의와 방황의 세월이 이어졌다. "나도 올림픽에 한이 맺힌 사람이다. 나는 실패했지만 너는 나를 봐서라도 꼭 메달을 따줘야 하는 것 아니냐." 당시 레슬링 국가대표팀의 정동구 코치(1968년 올림픽 라이트급 6위)는 운동을 포기하려는 양정모를 붙들고 정성을 다해 설득했다. 마침내 양정모는 마음을 돌렸고 정코치와 더불어 모든 것을 실력으로 보여주자고 굳게 다짐했다. 레슬링에 인생의 전부를 걸고 하루의 휴식도 없이 처절하게 훈련하는 용맹과 정진의 일대 수련이 계속되었다.

양정모는 마침내 1976년 몬트리올 올림픽 레슬링 자유형 페더급에서 금메달을 차지했다. 손기정 이후 첫 금메달이자 대한민국 건국 이후 최초의 올림픽 우승이었다. 그런데 언제 던가, 양정모가 결승전에서 패하고도 금메달을 획득했다는 기사가 나온 적이 있다. 결론부터 말하자면, 이는 사실이 아니다. 결승전에서 패하고 우승할 수 있는 종목은 없다. 이러한 오해가 생긴 배경은 요즈음의 경기 진행 방식과 당시의 경기 진행 방식 사이에 차이가 있었기 때문이다.

이것에 대해 정확한 설명을 하고 넘어가기로 하자. 결승전이 아니라 마지막 경기에서 '작전상 패했다'는 말은 사실에 가까운 이야기다. 문제의 핵심은 벌점제다. 레슬링 경기에는 한 번의 패전으로 탈락하는 토너먼트식과 차이가 많고 모든 출전 선수들이 경기를 벌이되 돌아가며 한 번씩 붙는 리그제와도 운영방식이 다른 그만의 독특한 운영법이 있었다. 벌점이 6점에 이르는 선수들이 탈락할 때까지 벌점이 적은 선수들끼리 계속해서 시합을 벌이는 방식이라는 것이 기본 뼈대. 한 경기의 벌점 총점은 4점으로 승자와 패자가 이 4점을 나눈다. 벌점 산정 내역은 다음과 같다. 폴승 0점, 폴패 4점. 큰 점수차 판정승 0.5점, 큰 점수차 판정패 3.5점. (큰 점수차의 기준은 시대 변화에 따라 약간씩 변했다). 판정승 1점, 판정패 3점. 무승부는 각 2점이나, 단 0-0무승부의 경우 특별 추가 벌점을 부과해 각각 2.5점이 된다. 벌점이 적은 최후의 두 명이 마지막 경기를 벌이는데 이 경기의 승자가 반드시 금메달리스트가 아닐 수도 있다는 상황은 이 같은 사정에서 기인한다. 다른 참가자가 모두 탈락하고 세 명의 생존자가 나오는 경우도 있는데, 이때는 세 명이 돌아가며 한 차례씩 경기를 치른다.

좀 더 설명을 해보도록 하자. 양정모 선수는 마지막 경기를 앞두고 모든 경기를 폴로 이겨 벌점 0점, 또 다른 생존자인 몽골의 제베진 오이도프 선수는 한 번의 판정패가 있어 벌점 3점이었다. 이 판정패는 동메달리스트인 미국 선수 진 데이비스에게 당한 것인데, 진 데이비스의 벌점은 5점(양정모에게 폴패 4점 + 오이도프에게 판정승 1점)이었다.

모든 투기 경기에서 공격을 하려면 상당한 위험을 감수해야 한다. 먼저 자기의 중심을 무너뜨리고 상대의 중심 안쪽으로 파고 들어가서 상대의 균형을 무너뜨려야 하는 것이 레슬링 공격의 속성이다. 점수를 얻을 확률에 비례하여 실점 확률도 그만큼 증가한다는 이야기다. 양정모는 폴패만 당하지 않는다면 금메달을 획득할 수 있기에 수비위주로 일관하며 일종의 안전운행을 한 것이다. 마지막 경기 이후의 벌점 총계는 양정모 3점, 오이도프는 4점. 당시 양정모가 코치진의 작전 지시를 듣고 "져도 좋으니 끝까지 정정당당하게 맞붙게 해달라"며 레슬러로서의 자존심을 걸고 애원했다는 일화가 있다.

그러나 건국 이후 최초의 올림픽 금메달에 걸린 상징성은 너무나 컸다. 파테르 자세에서 한국 기자와 양정모의 시선이 마주쳤는데, 그 눈빛에 무수한 이야기가 담겨 있더란다. 비록 마지막 경기에서 패하기는 했지만, 양정모의 금메달은 처음부터 끝까지 정정당당한 순도 100%의 장엄한 성취다. 건국 최초의 금메달을 목에 걸고 양정모는 시상대에서 애국가를 들으며 무슨 생각을 하고 있었을까. 시간이 흘러 1984년에 김진호가 흘린 눈물을 적어도 양정모는 가벼이 지나칠 수 없었을 게다. 한국인들의 가슴속에 아련하게 남아 있는 두 줄기 눈물. 신궁의 울음과 TV를 보며 바보처럼 흐느꼈다는 어떤 사나이의 동병상련. 종목과 나이를 초월하여 올림픽 안에서 두 사람의 마음은 그토록 끈끈하게 이어졌던 것이다.

글로벌 코리아

그들의 가슴에 걸린 국기가 태극기가 아니어도 우리는 그들을 응원할 수 있다. 2004년 초여름 본프레레 감독의 대한민국 국가대표 축구팀 취임이 확정되고 가장 많이 받았던 질문이 있다. "2010년 월드컵 사령탑은 한국인 감독 중에서 선임하는가." 물음이 이어질 때마다 나는 이렇게 답했다. "글로벌 시대에 누구는 되고 누구는 안 되고 하는 제한 규정은 그 자체로 독소를 함유한다. 한국인이냐 외국인이냐는 어떤 경우에도 적합한 기준이 아니다. 그때 그 시점에서 누가 맡은 바 임무를 가장 확실하게 수행할 수 있는지가 유일한 판단 기준이 되어야 하는 것이다. 그래야 자유경쟁을 유도할 수 있고 경쟁을 통해 능력과 서비스의 질적인 향상을 꾀할 수 있다."

세미 리

내가 좋아하는 선수라면 나는 그의 국적과 상관없이, 그가 대표하는 나라와 상관없이 응원을 보낼 수 있다. 다만, 그가 우리 민족의 일원인 경우 팔이 약간 더 안으로 굽는 것은 인지상정이 아닐는지. 세미 리. 1948년 런던 올림픽 플랫폼 다이빙에 출전한 28세의 미군 군의관. 이민 2세인 그는 고교시절 미식축구 선수를 꿈꾸었단다. 그러나 일찍 성장판이 닫혀버렸는지 그의 신장은 157cm에서 멈춰버렸다. 뛰어난 반사신경을 지니고 있던 그가 탐색 끝에 도전한 종목이 바로 다이빙.

그에게는 자신의 처지와 환경을 먼저 고려하고, 세계제패가 가능한 종목을 신중하게 선택한 뒤, 한번 결정한 사항에 대해서는 그대로 자신을 던져버리는 치밀함과 박력이 있었다.

그의 부친은 재미 독립운동가인 이순기 선생으로, 망명시절의 이승만 대통령을 곁에서 보좌하다 비교적 이른 나이에 세상을 떴다고 한다. 1955년 여름 미군 군의관으로 복무 중이던 세미 리가 소령 계급장을 달고 경무대를 방문했을 때 이승만 대통령이 물기 어린 목소리로 "자네 아버지는 나를 위해 돌아가신 거나 마찬가질세"라며 말을 건넨 뒤, "그런데 자네 형인 다이빙 챔피언은 잘 있나"라고 물었다는 일화가 있다. 올림픽 금메달리스트라는 이미지와 157cm 단구의 사나이를 연결시킬 수 없었던 것이다.

1948년 런던 올림픽에서 세미 리는 극적인 역전으로 금메달을 거머쥔다. 그가 심혈을 기울여 연습했던 기술은 전방 3회 반 회전 다이빙. 그러나 첫 번째 시기에서 굴신(屈身)이 일찍 풀려 입수자세가 흐트러졌던 일이 마음에 걸렸다. 마지막 다이빙을 앞두고 수영장 물을 몸에 바르면서 그는 신기술로 승부를 걸기로 결심한다. 벨리 플로핑(belly-flopping)이라고 불리는 고난도 비틀기 역회전을 시도한 것. 여기서 승부가 갈렸다. 모든 심판으로부터 만점에 가까운 점수를 받아 세미 리의 총점은 130.05점이 되었다. 이것은 2위인 미국인 동료 부르스 할렌의 점수 122.30을 여유 있게 앞서는 대차의 승리였다. 4년 후 32세의 세미 리는 헬싱키 올림픽 다이빙대에 몸을 드러낸다. 훨씬 원숙해진 기량으로 상대를 압도한 그는 자신의 생일날 생애 두 번째의 금메달을 차지한다. 총점 156.28점으로, 2위 멕시코의 요아퀸 카펠라 페레즈의 145.21점을 멀리 떨어뜨린 점수였다. 1976년 몬트리올 올림픽에서 소련 국기를 가슴에 달고 여자 체조 뜀틀, 마루운동, 단체전 등을 석권했던 넬리 킴을 포함하면, 글로벌 코리아의 의미를 좀 더 또렷이 가슴에 새길 수 있으리라.

세미 리는 1970년대까지 한국행 발걸음이 잦았다. 로마 올림픽에 출전한 이필중 등 한국 선수를 지도하고 여자 배영의 기대주 최윤정의 미국 유학을 주선하기도 했다. 그러나 이 위대한 지도자가 꿈을 펼치기에는 당시 우리나라의 제반 사정이 그다지 좋지 않았다. 그의 정열과 재능은 다른 곳에서 꽃을 피운다. 세미 리는 미국 다이빙팀의 수석코치로 활약해, 올림픽 2관왕 밥 웹스터와 4관왕 그렉 루가니스를 길러내며 탁월한 지도역량을 세계만방에 과시하였다.

페루 여자 배구 감독 박만복

1988년 서울 올림픽 여자 배구. 한국은 일찌감치 8위로 주저앉았지만 결승전을 앞둔 한국인들의 가슴은 여전히 흥분과 설렘으로 요동치고 있었다. 결승에 오른 두 팀은 소련과 페루. 1948년 런던 올림픽에서 에드윈 바스케스 캄이라는 선수가 사격 금메달을 획득한 이래 페루는 그때까지 올림픽 금메달과의 인연을 만들지 못했다. 관중은 늘 약자를 응원하기 마련이라지만, 이날 한국 관중들이 페루에 보여준 응원은 구체적이고 뜨거운 애정을 녹여 넣은 양질의 함성이었다.

박만복. 일찍이 남미로 건너가 배구 불모지에서 팀을 일구고, 조국에서 열리는 올림픽에 다른 나라의 감독이 되어 돌아온 사나이. 성적이 좋지 않았다면 하나의 아름다운 미담으로 끝났겠지만, 예상 밖의 선전이 이어지면서 이 이야기는 신화로 격상했다. 올림픽을 앞두고 파란의 조짐이 보이기는 했다. 남미 선수권을 연이어 제패하고 장기간의 연마를 견딘 선수들만이 구사할 수 있다는 여러 가지 콤비네이션 플레이와 속공을 선보이며 절정의 배구 미학을 구현하자, 페루 국민들은 선수들 하나하나를 애칭으로 불러가며 성원을 보냈다.

쿠바가 불참 결정을 내리던 날 페루 선수들은 메달권 진입은 확실하다며 마음을 다잡았단다. 강력한 라이벌 하나가 사라졌던 것이다. 늘 메달권에 진입하는 일본, 2위 이하로는 밀려나 본 적이 없는 소련 그리고 신흥강호 중국. 그러나 1981년 세계선수권을 제패하고 1986년까지 정상에 군림했던 중국은 협회의 내분으로 인해 균열의 조짐을 보이고 있었다. 1987년 감독 후보 네 명이 텔레비전에 출연, 생방송으로 토론을 벌이다 피차간의 인신공격이 난무하는 지점까지 나갔던 것. 첫날 일본이 소련을 3-2로 잡았고, 3일 후 페루는 중국에게 마지막 세트를 9-14로 밀리며 벼랑으로 내몰렸다. 그러나 여기서 일곱 점 연속 득점의 속사포가 터지며 간단히 경기를 뒤집을 수 있으리라곤 선수들 자신도 미처 생각하지 못했으리라.

다음 경기 대 미국전도 비슷한 패턴으로 진행되었다. 두 세트를 먼저 내준 페루는 3세트부터 기력을 회복한다. 그리고 콤비플레이가 살아나며 고무공처럼 튀어 올라 3-2의 승리를 엮는다. "행운은 우리 편이다. 다 진 경기를 두 번 연속해서 뒤집어 버리다니. 내친김에 달려가자." 이제는 정말로 거칠 것이 없었다. 준결승전의 상대는 일본. 처음 두 세트를 15-9, 15-6으로 따낼 때만 해도 페루의 승리는 기정사실처럼 보였다. 그러나 역시 일본은 저력의 팀이었다. 3, 4세트를 6-15. 10-15로 따내며 페루 선수들을 꽁꽁 묶어버렸다. 거기가 신화의 종착역처럼 보였다.

그때였다. 한국 팬들의 열화와 같은 성원이 이어졌다. 페루 선수들은 혼을 담은 성원에 감응했다. "우리 감독님을 동족 앞에서 망신시킬 수야 없는 일 아니겠어. 할 수 있는 높이까지 뛰어오르고 바닥에 몸을 던지며 상대의 스파이크를 막아 내는 거다." 5세트의 스코어는 15-13, 페루의 역전승. 실로 박빙의 대접전이었다. 대망의 결승전. 페루 시간으로 새벽 여섯시 반이었지만 전국을 통틀어 잠든 사람은 단 한 사람도 없었다 한다. 1세트 15-10, 2세트 15-12. 3세트 중반까지 페루는 파죽의 기세로 밀고 나가며 12-6으로 내달린다. 세트 스코어 3-0의 스트레이트 승리로 나아가는 결승점이 눈앞에 보이자, 소련 감독 니콜라이 칼폴은 연속해서 작전 타임을 걸며 페루 선수들의 리듬을 죽인다. 선수를 세 명 바꾼 작전이 이날 승부의 전환점. 쫓는 자보다는 쫓기는 자의 심리가 더 불안한 것은 동서고금에 차이가 없다. 정상을 밟아본 경험이 있고 없고가 이런 대목에서 결정적인 변수로 작용하는 것이다. 페루는 소련이 도발한 심리전에 마음의 평정을 잃었다. 3세트 15-13으로 소련의 역전 성공. 4세트 초반 소련은 페루 진영을 유린하며 9-1로 달아나다 15-7로 산뜻하게 세트를 마무리한다. 마지막 세트는 6-0으로, 소련의 리드. 그때였다. 오랜 꿈에서 깨어나듯 페루 선수들이 돌연 활기를 띠며 연속 득권과 득점을 거듭했다. 폭발적인 기세였다. 7-7. 외나무다리에서 만난 황야의 검객처럼 두 팀은 이후 한 점씩을 주고받으며 피 말리는 대접전을 펼치기 시작했다. 단 한 점만 더 따면 승리를 확정하는 고비를 피차간 여러 번 무위로 돌린 뒤 15-14로 페루의 리드. 그러나 이 아름다운 동화의 끝은 실패로 막을 내린다. 소련의 3득점으로 스코어는 17-15. 세트 스코어 3-2로 소련의 승리였다. 소련의 마지막 공격이 페루 진영 한가운데 떨어지자 경기장에는 경건한 느낌마저 자아내는 적막이 가득 찬다.

승자고 패자고 할 것 없이 완전히 탈진한 양 팀 선수들 모두가 바닥에 흩어져 통곡 같은 울음을 토해내는 동안, 우리 의료진은 양 진영을 부지런히 오가며 선수 구호에 여념이 없었다. 시상식을 제시간에 맞춰 진행하는 것이 불가능할 정도였다. 한 시간쯤 지났을까, 아직도 자리를 지키고 있는 관중들을 향해 눈물 섞인 한국식 인사를 보내며 페루 선수들은 박만복 감독을 무동 태우고 몇 바퀴고 몇 바퀴고 체육관 바닥을 돌고 또 돌았다. "그라치아스 페루비안(페루 국민 여러분 고맙습니다)." 박만복 감독은 흐르는 눈물을 닦지도 않고 연신 고맙다는 이야기를 하고 있었다. 페루 여자팀 만세, 그리고 그대들의 한국인 감독에게 축복 있을진저.

오심에 울다

1956년 멜버른 올림픽의 송순천

"머리는 이렇게 쓰는 것이다." 일부러 과장된 몸짓으로 손을 털면서 누군가가 이렇게 중얼거렸다. 그리고 장난스런 미소를 지으며 옆자리의 허둥대는 동료를 건너다보았다. "악보는 어디 있더라, 아이고 여기 있네, 그런데 어떻게 연주를 해야 하나. 남은 시간은 십 분이다. 벼락치기를 하는 심정으로 그저 악보라도 부지런히 봐둘밖에."

1956년 12월 6일 멜버른 올림픽 복싱 밴텀급 결승전. 동방의 소국 한국에서 날아온 158㎝의 파이터 송순천이 독일의 볼프강 베렌트를 맞아 압도적인 경기를 펼치고 있었다. 송순천은 천재였다. 가드를 올려 상대의 펀치를 막아내는 것이 아니라 두 다리와 목 근육을 움직여 상대의 펀치 자체를 무력화시키는 순발력이 있었다. 복서가 펀치를 날릴 때는 어깨나 팔근육이 아니라 저 아래 가슴근육이 먼저 미묘한 움직임을 보인다고 한다. 송순천은 이 미묘한 떨림을 잡아낼 만큼 눈이 밝았다. 상대의 펀치가 나오기 직전 사정권 바깥으로 물러섰다가 상대가 주먹을 회수하는 바로 그 순간에 안쪽으로 뛰어들며 연타를 날리는 스타일. 상대보다 늘 반 박자 먼저 움직이는 새로운 개념의 복서. 인간의 능력은 무한하다지만 누군가가 권투 입문 129일 만에 이 지점까지 도달했다는 것은 그때나 지금이나 논리적인 설명이 불가능한 일이다.

2라운드가 끝나고 국기 게양대의 진행요원은 금메달 자리에 태극기를 미리 걸어 놓았다. "이것은 3라운드까지 갈 것도 없는 경기다. 판정 결과는 불변이다. 시상대를 세우는 짧은 순간에 입상자의 국기들을 달아매느라 바쁘게 움직이지 않아서 좋구나. 불쌍한 친구. 애국가라든가, 연주는커녕 한 번도 들어본 적이 없는 한국의 국가를 연주하려면 진땀깨나 흘리겠군." 시상대와 악대를 관장하던 두 사람의 처지는 3라운드가 끝나고 판정결과가 발표되면서 극적으로 뒤집힌다. 베렌트의 3-2 판정승. 건국 이래 최초의 금메달이 남반구 하늘 아래로 사라졌고 베렌트에게는 사상 최초의 동독 출신 금메달리스트라는 훈장이 보태졌다. 동독과 서독이 아닌 '독일'의 이름으로 단일팀을 파견한 데 대해 심판들의 마음이 미묘하게 움직였을 수도 있다는 분석이 이어졌지만, 그것은 그야말로 사후약방문(死後藥方文)이었다. 세계적인 복싱 전문지 『링』의 창간자 냇 플라이셔가 매니저 역을 자청하며 송순천에게 미국행을 제의했지만, 송순천은 고개를 떨구고 아무 말도 하지 않았다. 세월이 흘러 1960년대 중반, 송순천은 발신지가 독일로 적혀있는 편지 한 통을 받았다. "저를 기억하시는지. 송순천 선수, 당신의 친구 베렌트입니다. 그날 결승전은 당신이 이긴 경기라고 생각합니다." 당시는 냉전 체제가 공고하던 시절이다. 답장을 보낼 방법이 없었다. 다시 세월이 흘러 1988년 올림픽, 취재진의 일원으로 서울 땅을 밟은 동독 언론 노이에스 도이칠란트사의 사진기자 한 사람이 링 위는 보지 않고 다른 곳에 정신을 팔고 있었다. 마침내 중년의 한국 신사가 그를 향해 다가오자 베렌트가 천천히 몸을 일으켰다. "당신의 주먹이 더 강했소. 그날 경기는 당신이 승리자요. 이 얘기를 꼭 내 입으로 들려주고 싶었소." 스무 살 동갑내기 베렌트와 송순천은 기자와 교수로 32년 만에 그렇게 재회했다. 두 복서 사이의 뜨겁고 진한 포옹이 오래도록 이어졌다. 올림픽 개최지는 사람들의 가슴속에 이야기를 남기나니, 1988년 9월 14일 서울, 두 사람은 이 도시를 마음속의 영원한 수도로 아로새겼을 터이다.

1984년 LA 올림픽의 한국복싱선수단

1984년 LA 올림픽은 한국 체육사의 전환점이다. 그때 우리는 금 여섯, 은 여섯, 동 일곱 등 무려 스무 개의 메달을 수확하며 스포츠 강국으로 발돋움했다. 1948년 첫 참가로부터 1984년 이전까지 일곱 차례 올림픽에서 우리나라가 획득한 메달의 총 개수가 열여덟이다. 그 내용이 금 하나, 은 여섯, 동 열하나인 점을 감안하면, 1984년 올림픽의 성과는 질로 보나 양으로 보나 이전 성적의 총량을 가볍게 뛰어넘는 장엄한 성취였다고 단언할 수 있는 것이다. 어떤 사람들은 이렇게 말했다. 소련을 비롯한 동구권의 불참이 이 놀라운 성공의 바탕이 아니겠느냐고. 그렇지 않다. 설령 그들이 모두 출전했더라도 우리나라 선수들의 성적에는 별다른 차이가 없었을 것이다. 다음 올림픽부터 금메달을 비롯한 메달 총 개수가 비약적으로 증가하지 않았는가. (1988년-금12 은10 동 11, 1992년-금12 은5 동12, 1996년-금7 은15 동5, 2000년-금8 은9 동11) 1984년 올림픽은 그러므로 한국이라는 나라의 능력이 한 단계 업그레이드된 시점이라고 말할 수 있다. 좁게는 운동선수들을 발굴 육성하는 관리 체계가, 넓게 해석하자면 사회, 문화, 경제적인 능력이 말이다. 수십 년간을 두고 땅을 고르고 씨를 뿌리고 나무를 심는 과정을 거쳐 비로소 열매를 수확하게 된 것이다.

그러나 그 빛나는 성취 뒤에서 눈물을 삼키며 가슴을 쳤던 사나이들이 있다. 한국복싱선수단이다. 문제는 프로복싱이었다. 올림픽 복싱 금메달은 예비 프로선수들에게는 최고의 자산이다. 흥행과 홍보의 보증수표이기 때문이다. 미국은 소련의 아프가니스탄 침공에 항의, 1980년 모스크바 올림픽에 선수단을 보내지 않았다. 그러자 정기적으로 미국 프로복싱계의 유망주를 공급하던 통로에 공백이 생겼다. 그들은 그래서 LA 올림픽 승부에 민감하게 집착했다. 기록경기가 아닌 다음에야 판정을 둘러싼 어느 정도의 잡음은 있게 마련이다. 그러나 1984년에는 유독 납득하기 어려운 판정이 속출했다. 문제는 복싱 판정이 어느 정도 심판 개개인의 주관적인 특성을 반영한다는 사실이다. 아마추어 복싱은 유효타와 정타에 점수를 준다. 프로복싱은 이에 비해 펀치의 숫자가 아니라 데미지를 기준으로 채점을 한다. 프로복싱에서 녹다운은 10점 만점 중 2점을 차지하는 엄청난 사건이지만 아마추어에서는 정타 일발 이상의 의미를 지니지 않는다. 그래서 3분간 진행되는 한 라운드가 끝나고 채점을 하다보면 오류의 가능성이 있게 마련이다. 대표적인 것이 인상의 오류다.

1970년대 중반 WBC 플라이급 타이틀을 열다섯 차례나 지켜내며 '링의 대학교수'라는 별명으로 불렸던 미구엘 칸토라는 멕시코 복서가 있다. 두 번을 제외하고 모두 15라운드(당시는 세계 타이틀전이 15라운드로 진행되었다)까지 경기를 밀고 간 판정승의 귀재였다. 그가 즐겨 사용한 작전 중에 30초 작전이라는 것이 있다. 2분 30초 동안 휴식을 취하며 힘을 아끼다가 마지막 30초에 전력을 다해 상대를 몰아붙인다는 전략이다. 심판도 사람인 이상 채점하기 직전인 라운드 후반의 일들을 보다 생생하게 기억하기에 이를 최대한 활용한다는 전법이다.

1979년 3월 18일 부산 구덕체육관에서 칸토의 아성에 도전한 한국 복서 박찬희(1976년 몬트리올 올림픽 8강)는 이 작전을 역이용, 같이 30초 작전을 활용하며 심판 전원일치의 판정승으로 타이틀을 품에 안는다. 우열이 뚜렷할 때는 문제가 없지만, 근소한 차이로 미세하게 판정이 갈라지는 경우 복싱 판정은 항상 패자의 가슴에 깊은 상처를 남긴다. 그런데 1984년에는 확실한 우세를 점하고도 패하는 일이 잦았다.

8강전에서 페더급의 박형옥이 우세한 경기를 펼치고도 3-2 판정으로 터키의 타르굿 아이칵에게 패배했다. 라이트 웰터급의 김동길은 일방적인 경기를 펼쳤는데도, 심판은 4-1로 홈링의 제리 페이지를 승자로 호명했다. 링 주위가 소란스러워졌다. 이것은 누가 보더라도 승패가 확연한 경기였기 때문이다. 한국복싱선수단은 긴급 기자회견을 열고 잔여 경기 출전 거부를 강력하게 시사했다. "너무하는 것 아니냐." 이탈리아 선수단도 동조할 뜻을 비쳤다. 헤비급 준결승전, 안젤로 무소네가 RSC로 이겼어야 마땅한 경기였는데도 판정은 4-1로 미국 복서 헨리 틸리만의 손을 들어주었기 때문이다. 사태가 긴박하게 돌아가자 세계아마추어권투연맹은 심판에 대한 철저한 감독을 약속하며 사실상 잘못을 모두 시인했다.

이후 아마추어 복싱 판정제도는 배심원제를 거쳐 즉석채점제로 진화를 거듭한다. 배심원제란 판정이 3-2로 갈렸을 경우 패자가 예비 심판격인 배심원들로부터 넷 이상의 지지표를 획득하면 승패가 뒤바뀌는 제도를 말한다. 이 제도는 매 경기당

주심을 포함, 무려 열 한 명의 인력을 배치해야 한다는 소모적 구조였다. 그래서 대안으로 제시된 것이 전자 동시 채점제. 모든 심판에게는 파란색과 붉은색 센서를 지급한다. 한 선수가 펀치를 날리고 세 명 이상의 심판이 0.2초 내에 유효타라고 판정, 동시에 센서를 누르면 1점을 득점하는 것. 사전모의나 담합의 가능성을 아예 차단하자는 것이 이 제도의 도입근거다. 어쨌거나 1984년, 우여곡절 끝에 한국과 이탈리아 복싱 선수단이 링에 복귀하고 경기는 차질 없이 일정대로 진행되었다. 그렇지만, 막후에서는 그야말로 일촉즉발의 험악한 분위기가 이어졌던 것이다.

그런데 서울로부터 선수단과 대사관에 긴급 통지문이 날아들었다. 선수들의 패인과 오심의 원인을 조사해서 보고를 올리라는 것. "라이트 플라이급의 김광선이 폴 곤잘레스를 밀어붙이던 3라운드 중반 헤드기어가 벗겨져 30초간 경기가 중단된 원인을 규명하라. 밴텀급의 문성길이 도미니카의 카테트로 놀라스코와의 경기 도중 불의의 눈 부상을 당한 까닭은 무엇인가. 억울한 판정이 속출하는데 임원들은 무얼 하고 있는가."

1984년 대회부터 선수 보호를 목적으로 새로운 용구가 도입되었다. 그 이전에는 연습 스파링을 할 때만 사용하던 헤드기어다. 미국의 폴 곤잘레스는 이 대회의 금메달리스트였고, 김광선과 폴 곤잘레스 두 선수 가운데 한 사람이 우승한다는 것은 당시 권투 전문가들의 공통된 견해였다. 그리고 그 둘은 원래 1회전에서 만나는 상대가 아니었다. 리셔플(reshuffle)이라는 말을 아는가. 카드를 다시 섞다, 개각을 하다 같은 용례로 쓰이는 단어인데 권투에도 리셔플이 있다. 출전 예정 선수가 계체량을 통과하지 못하면 체중초과로 실격이다. 상대는 부전승을 거두고 그 다음 단계로 올라가는데, 이걸 바이(bye)라고 부른다. 문제는 체중초과, 급작스런 부상 등에 의한 사전기권은 예고 없이 이뤄진다는 사실이다. 대진의 형평성을 기하기 위해서 한 선수가 연속 부전승을 거둔다든가 한 경기에서 맞붙는 선수 두 명이 모두 경기에 출전할 수 없는 경우, 조직위원회는 출전 가능한 선수들을 추려 다시 경기 조합을 만든다. 이것이 권투의 리셔플이다. 김광선과 폴 곤잘레스는 리셔플 때문에 1회전에서 맞닥뜨린 것이다.

1라운드에서는 백중세가 이어지다 종료 10초 전 폴 곤잘레스의 삼연타가 깨끗하게 성공. 2회전은 김광선의 대쉬와 폴 곤잘레스의 방어가 이어지는 가운데 유효타 수는 여전히 폴 곤잘레스의 우세. 3회전 중반, 김광선의 라이트 쇼트 훅이 제대로 걸렸고 체력이 바닥난 상대를 김광선이 몰아붙이며 역전 KO승의 기미를 보였다. 그때, 마법처럼 스르르 헤드기어의 끈이 풀린 것이다. 주심은 규칙에 따라 즉각 경기 일시중단을 명하고 김광선의 코너맨들에게 끈을 묶어달라고 요청했다. 끈을 묶고 다시 경기에 나서기까지 걸린 시간이 28초. 황금 같은 찬스는 이미 저 멀리 지나간 뒤였다.

결정적인 순간에 끈이 풀린 것은 그야말로 우연이다. 정말로 안타까운 우연이다. 억울하지만, 판정은 그런대로 공정하게 나왔다. 고개 숙인 김광선과 환호하는 곤잘레스. 경기 후 인터뷰에서 곤잘레스는 "김광선이 상대로 정해졌다는 말을 듣고 밤새 한숨도 자지 못했다. 무서웠다. 코치가 나를 진정시키느라 무척 애를 썼다. 이제 큰 고비는 넘어섰으니 자신 있게 싸우겠다"고 감회를 밝혔다. 4년 후 김광선은 한 체급을 올려 플라이급으로 올림픽 성을 재공략, 1회전부터 파죽의 기세로 상대를 압도하며 당당하게 금메달을 목에·감는다.

문성길의 눈 부상도 사분의 일쯤은 헤드기어 탓이다. 몸싸움을 하며 밀어붙이는 과정에서 헤드기어가 살짝 돌아갔고 놀라스코의 펀치가 하필이면 그 돌아간 부분과 피부가 만나는 부분을 예각으로 가격했다. 권투를 하다보면 정타보다는 빗겨 맞은 어설픈 타격에 피부가 상하는 수가 가끔은 있다. 하필이면 이번에 그런 일이 일어나다니. 프로경기 같았으면 얼마든지 그대로 진행해도 무방한 상처였지만, 아마추어 룰은 상대적으로 복서의 건강과 안전을 최우선으로 고려한다. 그래서 문성길도 패전의 멍에를 썼다.

그리고 판정시비. 우리는 피해자다. 가해자가 아니다. 피해자를 붙들고 왜 그렇게밖에 대응하지 못했느냐고 힐난한다면 도대체 우리더러 뭘 어떻게 하란 말인가. 잘못을 저지른 당사자에게 직접 문제를 제기하고 조목조목 시시비비를 따지는 것이 올바른 대응 아닌가. 안 그래도 멍든 가슴, 한국 복싱 임원들은 보고서를 작성하며 두 번 죽는 심정으로 처연한 피눈물을 흘렸을 터이다.

올림픽의 미래를 위해

올림픽 대회를 거대한 수익사업으로 생각하는 상업주의의 흐름은 이미 올림픽의 본류를 이룬 지 오래다. 보다 더 진실에 가까운 이야기는 자본주의와 자유주의적 코드로 제도개선을 하지 않고서는 올림픽 대회의 존립 자체가 더 이상 불가능할 것이라는 연구와 예측이다. 올림픽 자본주의의 핵심은 텔레비전을 포함한 미디어 권력이다. 미디어 권력은 중계 시간에 맞추어 경기 시간을 변경하는 정도의 영향력을 행사하는 것이 아니라, 텔레비전의 포맷에 따라 경기 방식 자체를 바꾸어 버릴 만큼 막강한 권한을 행사하고 있다.

그렇다면 21세기의 벽두에 올림픽 정신은 무엇을 할 수 있는가. 올림픽은 인류가 벌이는 지구촌 최대 규모의 스포츠행사다. 그러나 현대사회에서 스포츠는 하나의 사회제도를 넘어서는 엄청나고 중요한 사회적 기능을 수행하고 있다. 스포츠

경기의 총화인 올림픽은 그래서 중요하다.

건강한 사회는 구성원 각자가 건전한 가치관을 지니고 있는 사회이다. 스포츠의 본질은 규칙을 준수하는 가운데서 이뤄지는 공개경쟁을 통해 승패를 가리고, 업적과 결과에 따라 승자에게 확실한 보상을 지불한다는 것이다.

인생이란 상상할 수 없는 숱한 요소들이 장기간에 걸쳐 복합적으로 작용하는 결과물이다. 그래서 재능과 노력을 투자한 결과를 정확하게 측정하기가 쉽지 않고, 측정 기간이 수십 년에 이르기도 한다. 그러나 스포츠는 비교적 많은 사람들이 기꺼이 납득할 수 있는 방법으로 (인생에 비하면 상당히 단기간 내에) 개인 혹은 단체가 재능과 노력을 쏟아 부은 결과를 점수 혹은 기록이라는 깔끔한 방법으로 사람들에게 보여준다. 그것은 숫자로 치환된 노력의 총량이다. 스포츠가 인생의 축소판이자 인류문명의 거울이라고 불리는 까닭이 여기에 있다.

그러므로 감히 말한다. 스포츠가 융성한 나라는 건강한 정신이 살아 있는 나라라고. 스포츠정신이 살아 있는 나라는 현재와 미래가 희망으로 가득 찬 활기찬 사회라고. 운동선수들은 그래서 소중한 존재들이다. 그들은 인류 전체를 대표하여 신과 인간이 선택한 사랑스러운 소수이다. 선수들 또한 선택된 사람이라는 자부심을 가지고 의연하고 당당한 몸짓으로 인류의 품격을 드높이는 데 앞장서 주었으면 한다. 이런 마음이 함께할 때 올림픽은 전 세계인이 즐기는 축제가 될 수 있을 것이다.

올림픽의 숨은 이야기

초판발행 2004년 8월 10일 | 2쇄발행 2008년 6월 15일
지은이 장원재
펴낸이 심만수 | 펴낸곳 (주)살림출판사
출판등록 1989년 11월 1일 제9-210호

주소 413-756 경기도 파주시 교하읍 문발리 파주출판도시 522-2
전화번호 영업·(031)955-1350   기획편집·(031)955-1357
팩스 (031)955-1355
이메일 book@sallimbooks.com
홈페이지 http://www.sallimbooks.com

ISBN 89-522-0275-9 04080
     89-522-0096-9 04080 (세트)

값 3,300원